D1743026

Impressum

Der Inhalt dieses Buches ist urheberrechtlich geschützt und darf ohne explizite schriftliche Erlaubnis von schweizerdeutsch-lernen.ch weder komplett noch auszugsweise weitergegeben, weiterverkauft, vervielfältigt, kopiert oder veröffentlicht werden. Sämtliche Rechtsverstösse werden zur Anzeige gebracht.

schweizerdeutsch-lernen.ch
c/o Freytag
Birmensdorferstrasse 208
8003 Zürich, Schweiz

Email: gruezi@schweizerdeutsch-lernen.ch

Inhaltsverzeichnis

Wie und warum Schweizerdeutsch?

Mit dem Erwerben dieses Buches hast du einen wichtigen Schritt in die richtige Richtung gemacht. Du bist auf dem besten Weg, den Schweizer Dialekt zu lernen und zu verstehen. Wir sind uns bewusst, dass dies eine grosse Aufgabe ist, doch mit diesem Buch wirst du die richtigen Werkzeuge in die Hand bekommen, um diese Aufgabe zu meistern.

Wie arbeitet man mit *Schweizerdeutsch in 30 Tagen*?

In 30 Lektionen verteilt über 30 Tage lernst du verschiedenste Bereiche der Schweiz genauer kennen. Im Inhaltsverzeichnis siehst du, dass der Hauptfokus darauf liegt, die Alltagssituationen in der Schweiz zu meistern. Andere Tage führen dich dann aber auch in kulturelle Hintergründe ein und nicht zuletzt ist auch der Sport und die Geschichte der Schweiz ein Thema.

Es ist gedacht, dass du jeden Tag eine neue Lektion absolvierst und das Gelernte mit Hilfe von Übungen verinnerlichst. Natürlich kann dich niemand davon abhalten, die Lektionen schneller zu absolvieren. Wir raten aber davon ab, da du dich voll auf die eine Lektion und den gelernten Inhalt fokussieren sollst. Die Lernfreudigen verweisen wir gerne auf unsere Website: www.schweizerdeutsch-lernen.ch, wo sie mit diversen weiteren, sehr gut ergänzenden Lernmitteln hantieren können. Zum Beispiel auch unseren Videokurs für maximalen Erfolg.

Was erwartet dich in einer Lektion?

Alle Lektionen sind grösstenteils sehr ähnlich aufgebaut. Zuerst kommst du mit einem Text in Kontakt, der das Themengebiet behandelt. Dies ist sehr spannend, da du sowohl in sprachlicher Hinsicht (der Text ist natürlich auf Schweizerdeutsch) als auch in kultureller Hinsicht profitieren kannst. Du lernst also die Sprache und gleichzeitig auch das Land kennen. Da du logischerweise noch nicht alle Vokabeln verstehen kannst, folgt immer eine Vokabelliste als Tabelle. Dort werden die schwierigeren oder neuen Begriffe ins Hochdeutsche übersetzt und du kannst sie in deine Lernliste aufnehmen. Es empfiehlt sich auch, mit der Vokabular-Liste den Text nochmals eins zu eins durchzugehen und dann zu versuchen wirklich so viel wie möglich zu verstehen.

Denn darauf folgt immer eine Handlungsaufforderung an dich. Diese Kapitel tragen den Titel „Jetzt bist du dran" und darin werden zum Beispiel Fragen zum Text gestellt. In anderen wird die Übersetzung von gewissen Passagen und Begriffen verlangt. Wir haben diverse Muster angewendet, um alles aus dir heraus zu kitzeln, damit du das Vokabular auch anwenden kannst. Tappst du bei gewissen Fragen im Dunkeln oder bist dir bei deiner Antwort nicht sicher? Mach dir nicht zu viel Druck, dass ist zu Beginn ganz normal und es wird mit der Zeit bedeutend besser. Um die richtige Antwort zu finden, springst du entweder ans Ende des Buchs oder gehst auf diesen Link: www.schweizerdeutsch-lernen.ch/30days/solution, dort findest du jeweils einen Lösungsschlüssel, der dich aufklärt.

Wir legen viel Wert darauf, dass du Schweizerdeutsch wirklich zu verstehen lernst, denn das ist in der Schweiz mehr als die halbe Miete. Jeder Schweizer versteht Hochdeutsch, sprich du kannst ihm ohne Probleme auf Hochdeutsch antworten. Allerdings ist es ein super Gefühl, wenn du die Sprache verstehst und sich dein Gegenüber nicht extra für dich verstellen muss. Darum ran an die Lektionen, damit wir in 30 Tagen einen Fortschritt sehen!

Sprachliche Verschiedenheiten

Bevor du mit dem Durcharbeiten der Lektionen beginnst, gibt es noch die sprachlichen Verschiedenheiten zu klären. Die verwendeten Sprachen in diesem Buch sind Schweizerhochdeutsch und Schweizerdeutsch.

Sämtliche Beschreibungen zu den Kapiteln und Aufgabenstellungen wurden im Schweizerhochdeutsch verfasst. Dies ähnelt sehr stark dem klassischen Hochdeutschen, beinhaltet allerdings Helvetismen. Als Helvetismus bezeichnet man Schweizerhochdeutsche Begriffe, die allerdings nur im Deutschschweizer Sprachgebiet verwendet werden und nicht im gesamten deutschen Sprachgebiet. Ein Beispiel hierfür wäre zum Beispiel „Nüsslisalat", was im klassischen Hochdeutschen „der Feldsalat" ist oder „der Kartoffelstock", was in Deutschland dem „Kartoffelpüree" entspricht. Im Schweizerhochdeutsch kennt man auch das in Deutschland verwendete „ß" nicht, sondern die Schweizer verwenden dafür einfach „ss".

Das Schweizerdeutsch wurde in den Lektionstexten verwendet und alles im Buch dreht sich darum, dies zu lernen. Hier kennt die Schweiz allerdings viele verschiedene Dialekte und wir haben uns alle Mühe gegeben, diese so gut wie möglich abzudecken. Du wirst also am Ende des Buchs in der Lage sein, Schweizer aus jedem Kanton zu verstehen.

Lernen lernen

Das Wichtigste beim Schweizerdeutsch lernen ist es, das Wissen am besten täglich anzuwenden. Das ist in jedem Bereich, in dem du etwas lernen möchtest, der Fall. Darum haben wir das Buch darauf ausgelegt, über 30 Tage lang jeden Tag eine Lektion zu absolvieren. Wenn du es wirklich ernst meinst, gehst du diese Verpflichtung mit dir ein und setzt alles daran, dies durchzuziehen.

Steh dir auch nicht selbst im Wege, sondern verlasse deine Komfortzone. Sobald du erste Begriffe gelernt hast, wende diese im Alltag an. Diese Nervosität bzw. die Angst davor Fehler zu machen ist ganz normal. Wenn du genau diese überwindest und vielleicht auch mal einen Fehler machst, wirst du besser. Springe also einfach mal ins kalte Wasser und trau dich Schweizerdeutsch zu reden.

Es wird sicher nicht immer sehr leicht sein in den 30 Tagen. Teilweise wirst du keine Lust haben oder ans Aufgeben denken. Doch genau dann ist es wichtig weiterzumachen. Denke daran, wieso du begonnen hast. Was ist dein Ziel, welches du damit erreichen möchtest? Lernst du Schweizerdeutsch, um im Beruf besser dazustehen, deine Familie zu überraschen, dich besser integrieren zu können? Es gibt so viele Gründe und du hast bestimmt deinen ganz eigenen. Schreib ihn dir auf und halt ihn dir vor Augen, wenn du wiedermal keine Motivation hast.

Lernen muss also keinesfalls langweilig sein. Klar Vokabeln pauken macht praktisch keiner gerne, doch auch das kann man sich versüssen. Binde die Wörter an Bilder in deinem Kopf oder sogar an die Realität. Wenn du das Wort „Bibeli" lernst, was für Küken steht, stelle dir ein süsses, kleines Küken vor und sage innerlich immer wieder „Bibeli". Du wirst es dir viel leichter merken können. Das lässt sich in alle Richtungen kombinieren und es gibt zig Möglichkeiten, deine Sinne zu aktivieren. Auch regionales Radio und TV Sender sind meistens Schweizerdeutsch. Schau sie dir an und du bekommst ein gutes Gefühl für die Sprachmelodie.

Doch nun genug um den heissen Brei geredet, starte am besten mit der ersten Lektion, dem ersten Tag von deiner Erfolgsstory.

Allgemeiner Sprachgebrauch

Tag 1: Du kannst schon mehr Schweizerdeutsch, als du denkst

Zum Start in die 30 Tage mit täglichen Lektionen möchte wir dich ermutigen. Die Aufgabe scheint gewaltiger als sie letztlich ist. Du hast den entscheidenden Vorteil, dass du bereits Hochdeutsch sprichst und dies wirst du in dieser ersten Lektion merken.

Mit einigen wenigen Mustern kannst du schon viele Wörter ins Schweizerdeutsche umwandeln und hast damit einen guten ersten Wortschatz aufgebaut. Teilweise ist es noch viel einfacher, weil die Wörter sogar eins zu eins die gleichen sind. Du glaubst uns nicht? Schauen wir uns z.B. die Monate an:

Beispiel: Monate sind weitgehend gleich

Schweizerdeutsch	Hochdeutsch
Januar	Januar
Februar	Februar
März	März
April	April
Mai	Mai
Juni	Juni
Juli	Juli

Erst jetzt wird es richtig interessant:

Schweizerdeutsch	Hochdeutsch
Auguscht	August
Septämber	September
Oktober	Oktober
Novämber	November
Dezämber	Dezember

Wir sehen daran, dass sich eigentlich nur ein „e" in ein „ä" verwandelt oder ein „st" in ein „scht". Davon haben wir jetzt für den ersten Tag einige dieser Muster zusammengestellt. Schreibe dir diese auf und arbeite in den künftigen Lektionen damit. Du wirst dieses und die folgenden Muster immer wieder entdecken und deshalb ist es wichtig, dass du bereits jetzt diese Grundlage kennst.

Einfache Muster bei der Aussprache

Es gibt sieben für Schweizerdeutsch sehr typische Muster, die bei der Aussprache immer wieder vorkommen. Wir haben die sieben Muster zusammengefasst und mit vielen Beispielen unterlegt. Wenn du diese Muster beherrscht, kannst du schon einen guten Anteil an hochdeutschen Wörtern automatisch ins Schweizerdeutsch übersetzen und aussprechen.

Schreib dir diese wichtigen Muster wirklich auf einen Spickzettel, behalte sie am Anfang immer bei dir und lese sie dir regelmässig durch (zum Beispiel beim Aufstehen, beim Mittagessen oder beim Warten auf den Bus). Du wirst sehen, du findest die Parallelen immer wieder.

Mit den Beispielen hast du natürlich auch schon das erste Vokabular an die Hand bekommen. Verinnerliche dir die Wörter, die du für wichtig erachtest und schreib dir Lernkarten.

Morgen werden neue Wörter und spannende Einblicke in die Schweizerische Sprache und Kultur auf dich zukommen ☺.

Muster 1: „st" wird zu „scht"

Schweizerdeutsch	Hochdeutsch
fascht	fast
roschtig	rostig
luschtig	lustig
Knascht	Knast

Muster 2: „k" wird zu „ch"

Schweizerdeutsch	Hochdeutsch
cho	kommen
chönnte	könnten
chratze	kratzen
chaufe	kaufen
chlei	klein
Chuchichäschtli	Küchenkasten

Muster 3: „au" wird zu „u"

Schweizerdeutsch	Hochdeutsch
Uffahrt	Auffahrt
Huus	Haus
Muus	Maus
ufneh	aufnehmen
Hut	Haut

Muster 4: „eu" / „äu" wird zu „ü"

Schweizerdeutsch	Hochdeutsch
hüte	heute
Üle	Eule
hüle	heulen
Küle	Keule
Hüser	Häuser
süme	säumen

Muster 5: „zu" oder „in" wird zu „z"

Schweizerdeutsch	Hochdeutsch
z chlei	zu klein
z langsam	zu langsam

z schnell	zu schnell
z Basel	in Basel
z Luzern	in Luzern

Muster 6: „ge" wird zu „g" verkürzt

Schweizerdeutsch	Hochdeutsch
gschlofe	geschlafen
gritte	geritten
trunke	getrunken
gmacht	gemacht
grennt	gerannt
gno	genommen

Muster 7: „tag" wird zu „tig"

Schweizerdeutsch	Hochdeutsch
Mäntig	Montag
Zischtig	Dienstag
Donnschtig	Donnerstag
Frittig	Freitag
Samschtig	Samstag
Suntig	Sonntag

Wo und wann spricht man Schweizerdeutsch?

Natürlich möchten wir dir am ersten Tag auch noch sagen, wo das Schweizerdeutsche denn überhaupt Anwendung findet, weil wir Schweizer ja auch Schriftdeutsch bzw. Hochdeutsch sprechen und schreiben können.

Das Schweizerdeutsche

Im täglichen Gebrauch unter Familienmitgliedern, Verwandten und Kollegen wird eigentlich immer Schweizerdeutsch gesprochen. Auch bei der Arbeit unter Schweizer Arbeitskollegen kommt normalerweise Schweizerdeutsch zum Zuge, dieselbe Handhabung gilt bei Kollegen in der Schule. Bis zur ersten Primarschule, also auch schon im Kindergarten, wird Schweizerdeutsch geredet. Nachher wechselt dies allerdings auf Hochdeutsch.

Eine gute Möglichkeit Schweizerdeutsch zu lernen ist es lokale Radiosender oder Fernsehsendungen (siehe dazu https://www.schweizerdeutsch-lernen.ch/srf) zu hören, diese sind auch meistens auf Mundart geführt.

Das schriftliche Schweizerdeutsch wird heute vor allem in Chats auf dem Handy verwendet, zum Beispiel bei SMS's oder in WhatsApp Nachrichten. Früher schrieb man öfters persönliche Briefe als heute, auch diese wurden meist in Schweizerdeutsch verfasst.

Das Hochdeutsche

Gerade beim Schreiben kommt auch in der Schweiz öfters die Standardsprache zum Einsatz. Sowohl in den Zeitungen als auch in der Schule wird nur Hochdeutsch geschrieben. Auch die Werbung und die schweizweiten Nachrichten sind durchgehend auf Standardsprache.

In der Schule wird im Unterricht auch Hochdeutsch geredet und so lernt jeder Schweizer, oder sollte jeder Schweizer, Hochdeusch lernen. Im Geschäftsumfeld werden dann die meisten Referate oder Präsentationen aus Respekt zu internationalen Kollegen auf Hochdeutsch geführt. Ein Schweizer wechselt in der Regel auch sofort auf Hochdeutsch, wenn er merkt, dass sein gegenüber ihn nicht wirklich versteht.

Wir haben aber trotzdem unsere gute Mühe mit dem Hochdeutschen, auch wenn wir es selber gar nicht wahrnehmen. Im Schweizerdeutsch sagen wir „I ha chalt", wenn uns kalt ist. Aber wenn wir das eins zu eins in Hochdeutsche übersetzen, sprich „Ich habe kalt" ist das grammatikalisch natürlich falsch, weil wir „kalt" nicht besitzen können. Beide Seiten sind im Lernprozess und genau solche Fehler bringen uns natürlich weiter.

Jetzt bist du dran

Wende die gelernten Regeln auf folgende Wörter an und übersetze sie korrekt ins Schweizerdeutsche:

(1) gemalt   = _____
(2) saugen   = _____
(3) Feiertag   = _____
(4) in Bern   = _____
(5) neun   = _____
(6) geschrieben = _____
(7) krank   = _____
(8) Zeugnis   = _____
(9) Ast   = _____
(10) geschnitten = _____

Tag 2: Begrüssungen

Nachdem du den ersten Tag hinter dir hast, kommen wir am Tag zwei zu einer wichtigen Lektion: Die allgemeinen Begrüssungen und Ansprachen. Du wirst wieder einige Beispiele an die Hand bekommen und du wirst sehen, leichter geht das Anwenden nicht. Das erste Wort im Kontakt mit einem Schweizer wird dir nach dieser Lektion leicht fallen.

Formelle Ansprachen

„Grüezi (mitenand)"

Da starten wir natürlich gleich mit dem Schweizerischen Klassiker, den du sicher schon gehört hast. *Grüezi* ist der Allrounder unter den Begrüssungen und kann eigentlich in jeder mündlichen formellen Konversation verwendet werden. Bei mehreren Leuten setzt man einfach noch „mitenand" an.

Einige Beispiele dafür:

Im Flur deines Büros läuft deine Chefin vorbei, die du heute noch nicht gesehen hast. Hier ist ein: *„Grüezi Frau Meier"* angebracht.

Oder du läufst auf dem Weg in die Mensa an zwei Arbeitskollegen vorbei, die du aber nicht sonderlich gut kennst. Trotzdem möchtest du sie grüssen, hier ist ein: *"Grüezi mitenand"* angebracht.

„Guete Morge, Guete Obe, Abig"

Die zweite Begrüssung, die die meisten kennen. Die Übersetzung ist eigentlich dem Deutschen naheliegend: Guten Morgen / Guten Abend. Diese Begrüssung kann sowohl im formellen Alltag im Geschäft angewendet werden, als auch im kollegialen Umfeld. Die Wörter *„Obe"* und *„Abig"* haben dieselbe Bedeutung, es ist lediglich ein Unterschied im Dialekt.

Einige Beispiele dafür:

Die Mutter sagt zu ihrem Sohn, kurz nach dem er aufgestanden ist: *„Guete Morge Fritz, hesch guet gschlofe?"* (Guten Morgen Fritz, hast du gut geschlafen?)

Oder du erscheinst im Pausenraum und hast die meisten deiner Kollegen heute aber noch nicht gesehen, du wirfst ein allgemeines: *„Guete Morge mitenand"* (Guten Morgen miteinander) in die Runde. Würdest du einen Kollegen erst am Abend das erste Mal sehen kommt ein: *„Guete Obe Fritz"* ganz gut an.

„Uf Wiederseh, uf wiederluege"

Am Ende eines formellen Gesprächs kann die Phrase *„Uf Wiederseh"* eigentlich immer verwendet werden. Sie steht für die Übersetzung „auf Wiedersehen".

Das kann dann so aussehen: *„Guet genau so mache mrs, demfall sehnd mr eus am Mäntig wieder, uf wiederseh."* (Gut genauso machen wir es, in dem Fall sehn wir uns am Montag wieder, auf Wiedersehen). Das Gegenüber antwortet darauf auch mit *„uf wiederseh"*.

„En schöne Daag no"

Oftmals wird „en schöne Daag no" auch als Abschluss eines Gesprächs gebraucht. Man wünscht dabei seinem Gegenüber noch einen schönen Tag. Das ist natürlich auch eine tolle Sache, da man dem Gegenüber auch direkt etwas Gutes will.

In der Anwendung kann das dann so aussehen: „Guet so mache mrs, bis morn, i wünsch no en schöne Daag" (Gut so machen wir es, bis morgen, ich wünsche noch einen schönen Tag.).

Informelle Ansprachen

„Hallo / Hoi (zäme)"

Der Klassiker „Hallo" wird ja auch im Deutschen sehr oft verwendet, hat eigentlich im Schweizerdeutschen genau die gleiche Bedeutung und das gleiche Einsatzgebiet. Die Begrüssung „Hoi" wird unter Kollegen verwendet, oftmals auch in der geschriebenen Sprache – sprich in Handychats oder Emails.

In einer Email kann das so aussehen: „Hoi Fritz, chönntisch du mir kurz s PDF XYZ schicke?" (Hallo Fritz, könntest du mir bitte die PDF-Datei XYZ schicken?).

Ein anderes Anwendungsgebiet wäre in einem Whatsapp Chat, wobei genau dieser Satz auch im Gespräch von Auge zu Auge verwendet werden kann: „Hoi Fritz, was machsch hüt z'Obe?" (Hallo Fritz, was machst du heute Abend?).

„Sali (zäme)"

„Sali" hat in etwa die gleiche Bedeutung wie das „Hallo". Meist wird diese Phrase für die Begrüssung einer Gruppe verwendet und dann im Sinne von „Sali zäme".

„Tschüss (zäme)"

Der Klassiker unter den informellen Verabschiedungen ist „Tschüss". Dieses kleine Wort wird eigentlich überall verwendet, sowohl im Geschriebenen, als auch im gesprochenen Schweizerdeutsch. Du kannst dich also von deiner Freundin mit einem kurzen „Tschüss" verabschieden.

Gut zu wissen

„Seisch em Max en Gruess" (Richte Max einen Gruss aus). In der Schweiz wird sehr oft ein Gruss ausgerichtet, das ist gang und gäbe. Falls du die Tochter deiner Kollegin wiedermal siehst und dich mit ihr unterhältst, kannst du am Schluss sagen: „Tschüss und seisch dr Sonja en Gruess" (Tschüss und richte der Sonja einen Gruss aus).

Was in der informellen Verabschiedung auch noch häufig Platz findet, ist beim „Tschüss" sagen gleich noch ein „Mach's guet" anzuhängen.

Jetzt bist du dran

1. Stell dir vor, du kommst ein wenig später zu einem gemütlichen Grillabend unter engen Freunden. Du möchtest nicht jedem einzeln die Hand schütteln, aber doch eine Begrüssung an alle abgeben. Was ist eine geeignete Begrüssung?

Antwort: _____

2. Du erscheinst zu einem Bewerbungsgespräch und kennst den Namen deines Gegenübers. Du möchtest sie jetzt richtig begrüssen, wie würde das aussehen?

Antwort: _____

3. Wie verabschiedest du dich nach dem Bewerbungsgespräch in Situation 2?

Antwort: _____

4. Du siehst eine Freundin, deren Vater du gut kennst, ihn aber lange Zeit nicht gesehen hast. Was wäre eine logische Floskel, die ein Schweizer in deiner Situation noch anfügen würde?

Antwort: _____

5. Was denkst du, wie sich dein Gegenüber den ersten Eindruck von deinen Sprachkenntnissen bildet?

Antwort: _____

Tag 3: Smalltalk

Du kennst es sicher auch aus deiner Sprache. Du triffst dich mit einer Person, kennst sie aber nicht so gut und weist nicht genau, wo ihre Interessen liegen. Da ihr beide euch unterhalten wollt sind Gesprächsthemen wie z.B. das Wetter ein sehr gefundenes Fressen, obwohl es doch keinen von beiden so richtig interessiert. Aber es zeugt von Sprachkenntnissen, den Smalltalk perfekt zu beherrschen. Darum möchten wir dir in dieser Lektion viele Sätze an die Hand geben, die du genau so umsetzen kannst. Lerne einige und wende sie direkt an.

Allgemeines Wohlbefinden

Schweizerdeutsch	Hochdeutsch
Hey, scho lang nüm gseh.	Hi, wir haben uns lange nicht gesehen.
Wie gohts dir?	Wie geht es dir?
Mir gohts guet / schlecht / prächtig.	Mir geht es gut / schlecht / prächtig
Und dir?	Und dir?
Wie laufts bi dr Arbet?	Wie läuft es auf der Arbeit?
Wie gohts dim Hung / dinere Katz?	Wie geht es deinem Hund / deiner Katze?
Hesch schöni Ferie kha?	Hattest du schöne Ferien?
I ha miese schaffe.	Ich musste arbeiten.
Bisch bim Sport gsi?	Warst du beim Sport?

Wetter

Schweizerdeutsch	Hochdeutsch
Boah, hüt isches richtig chalt / warm.	Boah, heute ist es richtig kalt / warm.
De Räge isch miehsam.	Dieser Regen ist mühsam.
Endli isches cho schneie.	Endlich hat es geschneit.
Endi Wuche wird's wieder schöner.	Ende Woche wird es wieder schöner.
Bi dem Wätter chasch nüt mache.	Bei diesem Wetter kann man nichts unternehmen.
Hüt Morge hets iis kha und isch glatt gsi.	Heute Morgen hatte es Eis und es war glatt.
D Sunne chunnt cho schine.	Die Sonne wird scheinen.
Dr Winter isch gli verbi.	Der Winter ist bald vorbei.
Denn chunnt dr Früehlig.	Dann kommt der Frühling
Weisch du wies Wetter wird?	Weisst du, wie das Wetter wird?

Weltweite Ereignisse

Schweizerdeutsch	Hochdeutsch
Hesch gseh was in dr Zittig gstande isch?	Hast du gesehen, was in der Zeitung stand?
Es het wieder en Ahschlag geh.	Es hat wieder einen Anschlag gegeben.
Nur no truurigi Nochrichte us dr Welt.	Nur noch traurige Nachrichten aus der Welt.
I hoff das passiert nie meh.	Ich hoffe das geschieht nie mehr.
Im Tessin hets e Waldbrand geh.	Im Tessin gab es einen Waldbrand.
In Züri isch en Zug entgleist.	In Zürich ist ein Zug entgleist.
De Autounfall in Basel isch schlimm gsi.	Dieser Autounfall in Basel war schlimm.
Weisch du was dört passiert isch?	Weisst du was dort geschehen ist?
Wie cha so öpis passiere?	Wie kann so etwas geschehen?

Jetzt bist du dran

Wenn du all diese Sätze mehr oder weniger kannst, dann wage dich an diesen Lückentext und probiere die richtigen Wörter aus der Auflistung unterhalb einzusetzen. Du wirst bekannte Wörter wiederfinden, aber auch teilweise neue lernen. Die Lösungen sind wie immer im Lösungsschlüssel am Ende des Buchs.

Ron: Hey Sonja, scho lang nüm gseh.

Sonja: Jä lueg au ah, Sali Ron. Wie _____ (1) dir so?

Ron: Super, mir gohts _____ (2), ha jo erscht grad Ferie kha. Und dir?

Sonja: Mir gohts weniger guet, ha grad e starki Erkältig hinter mir. Hesch schöni _____ (3) kha?

Ron: Oh, das duet mr leid, demfall wünschi no e gueti _____ (4). Jo bi z Malta gsi, schön warm dört.

Sonja: Jä, Malta isch wirkli schön. Dört rede si Englisch oder?

Ron: Jo genau, s isch e _____ (5) Kolonie gsi. Was hesch du so tribe?

Sonja: I ha die letzschte Wuche eigentli immer gschafft. Es isch viel los.

Ron: Aber es goht dr guet dört?

Sonja: Jo isch halt es _____ (6) stressig und es git einiges z tue.

Ron: Jo, denn bliebt me wenigschtens beschäftigt. Dim Hung gohts guet?

Sonja: Ja de het glaub bi dem schöne Summerwetter jetzt wortwörtli Schmetterling im Buch.

Ron: Ja, das glaubi. I bis au am gniesse. Die letzschte Wuche do in dr Schwiiz sind jo zimli _____ (7) gsi.

Sonja: Jo das chame so sage. Het mi guet ahgschisse, wenigschtens isch aber denne s lange schaffe nit so schlimm gsi.

Ron: Hesch eigentli _____ (8) was do wieder in Belgie passiert isch?

Sonja: Jo, has in de Zittige glese, es isch schlimm.

Ron: Die Schiessereie überall mache eim wirkli _____ (9).

Sonja: Jo me weiss nie ob das au in dr Schwiiz cha passiere.

Ron: Das scho, aber mir dörfe uns nit verruckt mache. I mein es cha überall öpis passiere, zum _____ (10) e Autounfall oder so.

Sonja: Jo das stimmt. So i sött langsam witter.

Ron: Jo i au. Demfall machsch es guet, seisch dihei no en _____ (11).

Sonja: Machi, seisch em Eddy no en liebe vo mir. Tschüss.

Ron: Das machi, de wird sich freue vo dir z ghöre – _____ (12).

Setze die folgenden Wörter in den obigen Text ein:

- Bispiel
- Ferie
- mitbeko
- Besserig
- gohts
- Angscht
- prächtig
- Tschüss

- bizzeli
- Gruess
- britischi
- regnerisch

Schweizerdeutsch im Alltag

Tag 4: Einkaufen im Supermarkt

Es ist der vierte Tag von 30 und wir gehen heute das erste Mal in eine Alltagssituation hinein. Wir schauen uns an, was beim Einkaufen so passieren kann.

Nach einem Artikel fragen

Du kennst die Situation bestimmt: Du schwirrst im Laden herum, suchst z.B. die Tomatensuppe aber findest sie einfach nicht. Dann könnte dein Gespräch mit der Mitarbeiterin so aussehen:

Du: Tschuldigung, chönnte sie mir churz hälfe?
Mitarbeiterin: Sicher, um was gohts denne?
Du: I sött wüsse, wo genau i Tomatesuppe find.
Mitarbeiterin: Das isch keis Problem, die isch grad obe nebe de Eier, wüsse si, wo die sind?
Du: Nei, i bi s erschte Mol in dem Lade, da i nur für 3 Daag do bin.
Mitarbeiterin: Okay, demfall folge si mr am beschte grad. I muess sowieso do dure. ... Und do finde si ihri Tomatesuppe.
Du: Danke vielmols, schöne Daag.
Mitarbeiterin: Merci, glichfalls.

Smalltalk mit anderen Kunden

Der Supermarkt ist ein perfekter Ort, um sich im Schweizerdeutsch ein wenig zu üben. Gerade tagsüber sind viele Hausfrauen unterwegs und offen für einen kleinen, netten Smalltalk.

Kundin Lara vor dem Regal: Heieiei, i weiss nit wasi hüt z Obe söll choche.
Kundin Elsbeth: Haha, es goht mr genau glich. I denk immer das hemmer doch geschter erscht gmacht.
Kundin Lara: Jo genau das denki au immer. Was hets denne bi ihne gester geh?
Kundin Elsbeth: Gester hemmer Spätzli mit Ragout kha und drzue e Lauchgmües.
Kundin Lara: Ui, das tönt fein. Grad Spätzli hemmer au scho lang nüm kha, das chaufi nochr au grad ih.
Kundin Elsbeth: Jo, dass passt grad, hüt het me 20% Rabatt druf. Was hets bi ihne gester geh?
Kundin Lara: Gester isch speziell gsi. Dr Mah het am Nomittag frei kha und d Schwiegerelterä sind zum z Nacht verbi cho. Denne het er chinesisch kocht. Poulet Süsssauer, Ente und drzue diversi Gmüess mit Riis.
Kundin Elsbeth: Wow, das hanni jetzt no nie selber kocht. Meischtens esse mr das nur im Restaurant.
Kundin Lara: Ja es isch sehr lecker gsi. I glaub i nimm eifach e früsche Zopf heime für hütte und denne Esse mr chalt. Mir hend jo no viel Chääs und Ufschnitt dihei.
Kundin Elsbeth: Ja bi eus gits hüt au chalti Chuchi. So i muess witter, i wünsch ihne no e schöne Daag, het mi gfreut.
Kundin Lara: Merci glichfalls. Adieu.

An der Kasse

An der Kasse kommt es dann meistens zu einer solchen Situation:

Kassiererin: Guete Tag, bruche si drzue no en Sack?
Kundin Lara: Jä, gern, am beschte zwei.

Kassiererin: Gern, hend si e Cumulus Karte?

Kundin Lara: Sorry, was söll i ha?

Kassiererin: E Cumulus Karte, dodrmit chönne si bi jedem Ihkauf Pünkt sammle und vo Vorteil profitiere.

Kundin Lara: Ah nei, das hanni nit, bi ebe früsch in dr Schwiiz. Was choschtet das?

Kassiererin: Das choschtet nüt, i gib ihne grad s Formular mit, das eifach usfülle und ihschicke.

Kundin Lara: Okay super, dass machi hüt grad no.

Kassiererin: Guet, dr Ihchauf macht denne 86 Franke 30.

Kundin Lara: Channi bitte mit Charte zahle?

Kassiererin: Keis Problem – D Charte bitte ihnestecke und denne dr PIN ihgeh.

Kundin Lara: Okay

Kassiererin: Super si chöne Charte wieder useneh. Danke füre Ihchauf, do isch no dr Zettel. I wünsche en schöne Obe.

Kundin Lara: Danke vielmols. Das wünschi au.

Vokabeln

Diese Vokabularliste wirst du bei den nächsten Lektionen immer wieder finden. Hattest du deine Mühe mit den Texten oben? Dann gehe sie nochmals mit dieser Liste durch.

Schweizerdeutsch	Hochdeutsch
Tschuldigung	Entschuldigung
I sött wüsse	Ich sollte wissen
keis Problem	kein Problem
obe	oben
s erschte Mol	das erste Mal
Daag	Tag
glichfalls	gleichfalls
hüt z Obe	heute Abend
choche	kochen
gmacht	gemacht
das denki au immer	das denke ich auch immer
Spätzli	Spätzle
Lauchgmües	Lauchgemüse
scho lang nüm kha	schon lange nicht mehr gehabt
nochr	nachher
hüt	heute
Nomittag	Nachmittag
drzue	dazu
früsche	frischen
Chuchi	Küche
Chääs und Ufschnitt	Käse und Aufschnitt
chalt	kalt
en Sack	eine Tüte
dodrmit	damit
Ihkauf	Einkauf
choschtet	kostet
ihschicke	einsenden
useneh	rausnehmen

Jetzt bist du dran

1. Wo befinden sich laut dem ersten Gespräch die Tomatensuppen?

Antwort: _____

2. Was ist das Problem der Kundinnen Elsbeth und Lara?

Antwort: _____

3. Welche Vorteile hat man laut dem Text mit einer Cumulus Karte ?

Antwort: _____

4. Übersetze die folgenden Sätze sinngemäss ins Hochdeutsche:

„Channi bitte mit Charte zahle?"

_____

„I denk immer, das hemmer doch geschter erscht gmacht."

_____

„Okay, demfall folge si mr am beschte grad."

_____

5. Wie heissen diese vier Nahrungsmittel auf Schweizerdeutsch?

(1) _____

(2) _____

(3) _____

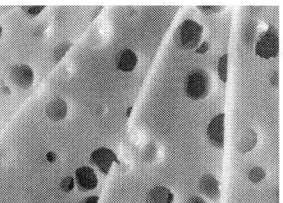

(4) _____

Tag 5: Bäcker, Metzger und Käser

In dieser Lektion möchten wir uns auf das Sortiment bei einem Bäcker, einem Metzger und einem Käser konzentrieren. Normalerweise wird man in solchen Läden an der Theke bedient und erhält, was man sich wünscht. Darum ist es besonders wichtig, dieses Vokabular zu beherrschen, da sicher ein Gespräch zustande kommt.

Beim Bäcker

Wennde bim Begg es Brot ha wotsch, stohsch vorere riesige Uswahl. Es git diversi Brotsorte, do e chlini Uflischtig:

Schweizerdeutsch	Hochdeutsch
Es Brot	ein Brot
Es Pfünderli	ein Pfund helles Brot
Es Baguett	ein Baguette
Ä Jägerbrot	ein Jägerbrot
Chääsbrägel	Ein Brot mit Käse drauf
En Zopf	ein Butterzopf

Ansuschte het dr Begg meischtens sehr vieli eigeni Brotsorte, wo regionali Begriff sind. Wenn mr aber zu de Weggli chöme, hemmer doch einigi Sache, wo glich sind:

Schweizerdeutsch	Hochdeutsch
Es Weggli	Ein Brötchen
Es Gipfeli	Ein Gipfel / Ein Hörnchen
Es Silserli	Ein Laugenbrötchen
Es Silsergipfeli	Ein Laugengipfel
Es Schinkegipfeli	Ein Schnikengipfel
Es Chääschüechli	ein Käseküchlein
E Schoggigipfeli	ein Schokoladengipfel
En Madel-Stange	Eine Mandel-Stange
Es Schlumpi	Ein dunkles Brötchen
E Schwöbli	Ein zweigeteiltes helles Brötchen
Es Bürli	Ein kleines Bauernbrot
Es Panini	Ein längliches Brötchen
Es Wurschtwegge	Ein Cervelat umhüllt mit Teig
En Schnegg	Eine Nuss-Schnecke

Natürli kenne mir au allgemeini Sache wie dr Donut oder dr Berliner, aber die heisse bi eus genau glich. I denk mit dem Vokabular söttsch scho recht wit cho. Ansuschte eifach dr Begg froge und mitem Finger druf zeige, mir gohts amigs genau glich.

Beim Metzger

S gliche Spiel miend mr jetzt au bim Metzg mache. Au dört wirdsch in dr Regle an dr Theke bedient. Luege mr uns ah, was mr dört für Spezialitäte kenne:

Schweizerdeutsch	Hochdeutsch
Es Hüehnli	Ein Huhn

Trutebruscht	Pouletbrust
Fleischchääs	Leberkäse
En Brote	ein Braten
E Brotwurscht	eine Bratwurst
En Chlöpfer	einen Cervelat
Buurespeck	Bauernspeck
Moschtbröckli / Bündlerfleisch	getrocknetes Fleisch
Ufschnitt	Aufschnitt
Schwiinigs	Schweiniges
Läberä	Leber

Ansuschte zelle natürli au wieder die bekannte Begriff wie z.B. es Cordon bleu, es Entrecote oder es Kotelett.

In der Käserei

Zunere Chääserei e Vokabularlischte z mache grenzt an d Unmöglichkeit, da natürli jede Chääser sini eigene Produkt entwicklet het. Trotzdem isch es schomol sehr hilfrich z wüsse das Chääs – der Käse isch. Denne gits no es paar bekannti Sortä, womer do mol chöne uflischte:

Schweizerdeutsch	Hochdeutsch
Emmitaler	Emmentaler
Appäzäller	Appenzeller
Gruyere	Gruyere
Tilsiter	Tilsiter
Bärgchääs	Bergkäse

Vokabeln

Schweizerdeutsch	Hochdeutsch
Dr Begg	der Bäcker
Uswahl	Auswahl
Uflischtig	Auflistung
regionali	regionale
wit cho	weit kommen
Spezialitäte	Spezialitäten
wirdsch	wirst du
Ansuschte	Ansonsten
zelle	zählen
Chääserei	Käserei
hilfrich	hilfreich
bekannti Sortä	bekannte Sorten

Jetzt bist du dran

1. Was ist der grosse Vorteil für dich als Deutscher in einem der oben genannten Läden?

Antwort: _____

2. Übersetze diese Sätze ins Schweizerdeutsche:

„Ich hätte gerne zwei Laugengipfel und ein Käseküchlein."

_____

„Mein Lieblingskäse ist der Emmentaler."

_____

„Ich gehe sehr selten zum Metzger."

_____

3. Übersetze folgende Sätze ins Hochdeutsche:

„Bim Metzg gits s früschischte Fleisch vo dr ganze Stadt."

_____

„Dr Begg weiss am Morge jewils scho, was i möcht, will i jede Daag s gliche nimm"

_____

„I ha Chääs nit so gern, drum gangi praktisch nie in e Chässerei."

_____

4. Benenne folgende Lebensmittel auf Schweizerdeutsch:

(1) _____

(2) _____

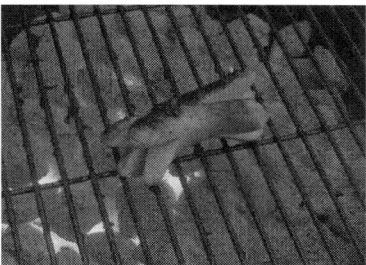

(3) _____

(4) _____

5. Wie heissen zwei klassische Käsegerichte für die die Schweiz bekannt ist?
Antwort: _____

Tag 6: Im Restaurant

Lies dir folgenden Text in Ruhe durch. Er handelt von einem Restaurantbesuch und wir finden dabei einige Dialoge zwischen dem Kellner und den beiden Kunden. Anschliessend findest du Vokabeln, gefolgt wie immer von ein paar Aufgaben. Viel Spass.

Im Gasthof zur Sonne

Sonja: I freu mi sehr Peter, wenn si mr s letzscht mol im e traditionelle Schwiizer Restaurant gsi.

Peter: Jo, das isch wirkli es zittli her. I ha scho richtig Hunger und dr Gaschthof zur Sunne sich wirkli e wunderbars Restaurant. Gömmer doch grad ihne.

Chällner: Guete Obe, hend si reserviert?

Peter: Jä, en Tisch für zwei uf dr Name Meier.

Chällner: Folge si mir – guet das isch ihre Tisch, näme si bitte Platz. Do isch d Spisscharte, channi ihne grad öpis zum Trinke bringe?

Sonja: Jo für mi gern es Wasser und wie sehts us Schatz, nemme mr no en Rot Wii?

Peter: Jo, i denks scho. Für mi gern no es Rivella[1] und chöne si grad en guete Rot Wii empfehle?

Chällner: Mir hend hüt en „Merlot Ticino" im Ahgebot. En feine Tropfe us de Häng im Tessin.

Peter: Jo bringe sie uns de doch.

Sonja: I nimm glaub d Röschti mitem Ei und Schinke. Das hanni scho lang nüm kha.

Peter: Gueti Wahl – Mi gluschte d Älplermagrone[2], die nimmi.

Chällner: So do isch ihre Wii und es Wasser und es Rivella. Hend si sich scho für es Menu entschide?

Sonja: I hetti gern s Menu Nummer 23.

Peter: Für mi bitte d Älplermagrone. Chönnt i drzue no Öpfelmuess ha?

Chällner: Sehr gern – Öpfelmuess cha I ihne bringe, das wär mini neggschti Frog gsi. Danke für d Bstellige.

Nach em Ässe

Peter zum Chällner: Tschuldigung – Chönnte mir bitte d Rechnig ha.

Chällner: Sehr gern – das macht denne 61.70 Franke, wenn si wennd so guet si.

Peter: (git 70.- Franke) – Mache si 65.-, viele Dank.

Chällner: Danke au, do isch no dr Fünfliber – I wünsch no en schöne Obe.

Peter & Sonja: Merci, danke glichfalls.

Begriffserklärung

[1]**Rivella:** Rivella ist ein kohlensäurehaltiges Süssgetränk, das mit Milchserum hergestellt wird. Das Getränk wurde in der Schweiz erfunden und erfreut sich regional grosser Beliebtheit. Zunehmend werden auch die umliegenden Länder wie Deutschland und Österreich aufmerksam und dadurch entstehen zunehmend Exporte.

Quick Tipp: Das muesch bim neggschte Ihkauf umbedingt mol probiere. Es git nebem normale Gschmack neu au no Rhabarber und Pfirsich. Mhhhm Lecker.

[2]**Älplermagrone**: Älplermagrone sind ein klassisches Schweizer Gericht, das zum Beispiel gerne auf der Piste nach langen Ski-Tagen verzerrt wird. Es ist eine Art Gratin aus Kartoffeln, Rahm, Magronen,

Zwiebeln und Käse. Das Rezept kann variieren, da jede Familie gerne ihr eigenes Rezept daraus macht. Sehr wichtig ist aber noch das Apfelmus (Öpfelmuess), dies wird immer dazu gegessen.

Falls de jetzt Hunger becho hesch – Ab ins neggschte Restaurant go Älplermagrone bstelle – oder suech dr doch es Rezept und choch si selber.

Vokabeln

Schweizerdeutsch	Hochdeutsch
D Sunne	Die Sonne
Dr Chällner	der Kellner
Guete Obe	Guten Abend
D Spisscharte	Die Speisekarte
En Rot Wii	Einen Rotwein
Hend ... im Ahgebot	Haben ... im Angebot
Mi gluschte	mich reizen (z.B. Mich reizt das Menu ...)
Dr Öpfelmuess	Das Apfelmus
D Bstellige	die Bestellungen
Tschuldigung, chönnt...	Entschuldigung, könnte...

Aussprache: Die Rechnung beträgt *Fr. 61.70*, das spricht man auf Schweizerdeutsch wie folgt aus: *einäsächzig Franke sibzig.*

Jetzt bist du dran

1. Was genau ist die Hauptzutat vom klassischen Schweizer Gericht „Röschti", welches hier von Sonja bestellt wurde?

Antwort: _____

2. Wenn wir schon beim Essen sind, wie heissen die beiden klassischen Käsegerichte der Schweiz, die weltbekannt sind? Wie nennt man Käse auf Schweizerdeutsch?

Gricht 1: _____

Gricht 2: _____

Käse uf Schwiizerdütsch: _____

3. Im Süden der Schweiz gibt es einen Kanton der sehr bekannt für seinen Weintraubenanbau ist. Der Kanton wird im Dialog erwähnt.

Kanton: _____

4. Was für eine Sprache wird in diesem Kanton gesprochen?

Sproch: _____

5. Wie heisst die Münze, welche einen 5 Franken Gegenwert hat auf Schweizerdeutsch?

Fünf Franke Münze: _____

6. Verbkonjugation von „Ich hätte gern"

I	*hätt gern*	Mir	_____
Du	_____	Ihr	_____
Er/Si	_____	Si	_____

Gut zu wissen

1. Wenn du schon in der Schweiz bist, frage doch im Restaurant *„nachere Schwiizer Spezialität"*. So lernst du ganz neue Sachen kennen und siehst mal, was wir Schweizer so essen.

2. Du willst lernen Schweizerdeutsch zu sprechen, findest aber keine Gelegenheit dazu? Die obige Situation ist das beste Beispiel: Lade deine Schweizer Freunde und Bekannten in ein Schweizer Restaurant ein. Zum einen kannst du dort den ganzen Abend üben Schweizerdeutsch zu verstehen und zu sprechen, zum anderen habt ihr durch die Schweizer Spezialitäten auch gleich eine Diskussionsgrundlage. Das ist der beste Start in den Abend bei einer Flasche Wein.

3. Dritter Tipp: Wie immer, üben, üben und noch mehr üben. Du musst dich nicht schämen, es ist genial, dass du Schweizerdeutsch lernen möchtest und wir Schweizer wissen es sehr zu schätzen, wenn du es versuchst.

Tag 7: In der Stadt

Heute befassen wir uns mit einer Situation, wie sie durchaus auch immer wieder unter Freunden vorkommen kann. Man möchte etwas unternehmen, trifft sich zum Beispiel in der Stadt, aber noch ohne Plan, was gemacht wird. Dann geht man auf Ideensuche. Dazu schauen wir uns einen Dialog an.

Tom: Hoi Michael, cool das de hesch chönne cho.

Michael: Hey sali, jo i has sowieso welle abmache und denn isch mr das grad glege cho.

Tom: Super, jo wemmer mol richtig Stadtzentrum laufe? Odr hesch grad e Idee was mr wennd mache?

Michael: Jo laufe mr mol, nei i ha ehrli gseit kei Ahnig , aber do fallt uns sicher öppis ih.

Tom: Hesch du Hunger?

Michael: Nei i ha erscht grad z'Vieri[1] kha, i bruch no nüt. Usser du willsch jetzt scho öppis ässe.

Tom: Nei, isch guet. – Eigentli hette mr wiedermol ins Schwümmbad chönne, do bini scho ewigs nüm gsi.

Michael: Jo, jetz wods seichsch. Nur das hette mr vorher wüsse sette, jetz hemmer keini Badhose do. Aber villicht chöne mr das jo neggscht Wucheend mache.

Tom: Jo, weisch grad ob öppis im Kino lauft?

Michael: Nei, kei Ahnig, aber i ha eher Luscht uf öppis, wo mr eus no chli bewege und mir rede chönne.

Tom: Jä denne mach am beschte grad emol e Vorschlag.

Michael: Jo i würd sage zum Bispiel Bowling spiele oder no bessere chli go billiarde.

Tom: Billiard isch e gueti Idee, do hets doch grad das grosse Zenter, do ume Egge odr?

Michael: Jo, döt simmer in feuf Minute. Denne trinke mr drzue no e Stange[2] und göhnd uf die 6i zämme go z Nacht esse.

Tom: Genau so mache mrs.

Begriffserklärung

[1]**Z'Vieri:** So nennt man in der Schweiz die Mahlzeit, die man üblicher Weise um circa 16:00 Uhr zu sich nimmt. Das ist meistens ein kleiner Snack (Früchte, Brötchen etc.) für die Stärkung zwischendurch.

[2]**E Stange:** Eine Stange ist in der Schweiz die gängige Bezeichnung für ein kleines Bier (3 Deziliter). Es wird in einem länglichen Glas ausgeschenkt das eine stangenähnliche Form hat.

Vokabeln

Schweizerdeutsch	Hochdeutsch
Glege cho	gelegen gekommen
Wemmer	wollen wir
Ehrli gseit	ehrlich gesagt
Öppis	etwas
Schwümmbad	Schwimmbad
Jetz wods seisch	Jetzt wo du es sagst
Egge	Ecken
Simmer	sind wir
mrs	wir es

Jetzt bist du dran

1. Konjugiere das Verb „kommen" (auf Schweizerdeutsch „cho") in all seinen Formen.

I	*chum*	mir	_____
Du	_____	Ihr	_____
Er/si	_____	Si	_____

2. Verneine die folgenden drei Schweizerdeutschen Sätze

I chume mit dir ins Kino.   Verneint: _____

Geschter sind mir am See gsi.   Verneint: _____

I gang gern go Jogge am Wucheendi.   Verneint: _____

3. Übersetze die folgenden drei Sätze sinngemäss ins Hochdeutsche:

„I liebs mit de Fründe go rennä im Park."
_____

„Geschter isch mini ganzi Familie mit mir im Zolli gsi."
_____

„Im Kino lauft wiedermol nüt gschieds, immer s gliche."
_____

4. Probiere einen kleinen Text auf Schweizerdeutsch zu schreiben, was du gerne mit Freunden in der Stadt treibst. Verwende dabei das gelernte Vokabular und mach dich nicht zu sehr verrückt dabei.

_____
_____
_____
_____
_____
_____
_____
_____
_____

Tag 8: Beim Reisen

Bei einer Reise kommt es immer wieder zum Treffen mit anderen Reisenden. Wir schauen uns heute ein Gespräch zwischen zwei Touristen auf Madeira an.

Uf Madeira

Tom: Heyy, dörfi mi zu dir setze?

Peter: Jo natürlich, bisch eleige unterwegs?

Tom: Jo, i bi siebe Tag als Backpacker uf dr Insle.

Peter: Cool. I has mr gmüetlicher gmacht, i ha es Hotel unde am Strand.

Tom: Ah, e entspannte Urlaub also?

Peter: Jo, i ha mol wieder müesse abschalte vom Schaffe. Aber i unternimm doch einigi Usflüg, susch wird's denne scho es bizzeli langwillig.

Tom: Das glaubi. Was hesch denne scho gmacht? I wär froh, wenni no e paar Tipps bechämt.

Peter: Also hüt am Morge bini im Cristiano Ronaldo Museum gsi, das isch wirkli sehenswert.

Tom: Ohw nei, das erspari mir. Fuessball isch überhaupt nit mis.

Peter: Ah bisch demfall eher so dr Abentürer? Geschter bini mitem Jeep ins Landesinnere gfahre, elei das isch scho gwaltig gsi. Dört het me denne e gmütliche Spaziergang über d Höchi chönne mache, oder me isch abe in d Schluchte go dr Canyon ahluege. I ha mi füre Spaziergang entschiede, da i liechti Höheangscht ha und me im Canyon an Seili unterwegs isch.

Tom: Canyon tönt interessant, vo dem hanni au scho glese. I wird allwe ebe am Donnschtig dörte si. I wandere ebe morn in dr nöchi und möchte am Obe in dr Banana Farm übernachte. Am neggschte Tag sötts mr denne länge.

Peter: Tolle Plan. Schlofsch immer in Hotels oder Hüüser oder hesch au s Zelt drbi?

Tom: S Zelt isch natürli au drbi, falls d Hotels usbuecht sind oder i irgendwo im nirgendwo bi.

Peter: Yeah, richtig wie in dr Pfadi[2]. Hesch eigentli au öpis welle trinke? Denn nemme mr en Poncha[3].

Tom: En was möchtsch neh?

Peter: En Poncha, das isch e Spezialität uf Madeira us Orange-, Zitronesaft, Honig und Alkohol. Es isch genial, glaubs mr.

Tom: Okay denne nemme mr doch zwei. Wie sehn dini wittere Plän us.

Peter: Morn machi e Inselrundfahrt miteme chline Böötli. Und übermorn gits nomol e gmütliche Tag am Strand, will nochr muessi denne schowieder gli heime.

Tom: Oje, demfall gniessisch die Zit besser no. Do bini froh hanni s meischte no vor mir.

Begriffserklärung

[1]**Madeira:** Madeira ist eine portugiesische Insel im Atlantischen Ozean.

[2]**Pfadi:** Die Pfadi ist das Schweizerdeutsche Wort zu den Pfadfindern. Dies ist eine weltweite Bewegung für Kinder und Jugendliche, die zunehmend Verantwortung übernehmen.

[3]**Poncha:** Das Nationalgetränk von Madeira ist der Poncha. Es ist eine Mischung aus Zuckerrohrschnaps, Honig und Zitronen- sowie Orangensaft.

Vokabeln

Schweizerdeutsch	Hochdeutsch

Dörfi	darf ich
eleige	alleine
uf dr Insle	auf der Insel
gmüetlicher	gemütlicher
unde	unten
i ha mol	ich musste mal
Usflüg	Ausflüge
bizzeli	ein wenig
bechämt	bekommen würde
Fuessball	Fussball
hüt am Morge	heute am Morgen
wirkli	wirklich
erspari mir	erspare ich mir
Abentürer	Abendteurer
d Höchi	die Hochebene
Schluchte	Schluchten
Höheangscht	Höhenangst
an Seili	an Seilen
glese	gelesen
neggschte	nächsten
schlofsch	schläfst du
Hüüser	Häuser
usbuecht	ausgebucht
öpis	etwas
miteme chline Böötli	Mit einem kleinen Boot
gli heime	bald nachhause
die Zit	diese Zeit

Jetzt bist du dran

1. Wie unterscheiden sich die beiden Touristen im Reisestil?

Antwort: _____

2. Wieso wollte Peter nicht in den Canyon gehen?

Antwort: _____

3. Was sind die Zutaten in einem Poncha – auf Schweizerdeutsch.

Antwort: _____

4. Übersetze die folgenden Sätze sinngemäss ins Hochdeutsche.

„Do bini froh hanni s meischte no vor mir."

_____

„Geschter bini mitem Jeep ins Landesinnere gfahre, elei das isch scho gewaltig gsi."

_____

„Jo natürlich, bisch eleige unterwegs?"

_____

5. Welcher der beiden Touristen muss zuerst nach Hause gehen?

Antwort: _____

Tag 9: Nach dem Weg fragen

In dieser Lektion schauen wir uns eine klassische Wegbeschreibung auf Schweizerdeutsch an. Dafür zuerst einmal einige Fragesätze, die man gebrauchen kann, um nach dem Weg zu fragen. Denn genau die Situation kommt doch sehr häufig vor in einem fremden Land.

Frage-Sätze

„Entschludige sie, ich ha welle froge ob sie sich z Basel uskenne, i sött zum Barfüesserplatz. Wo muessi do dure?

Das heisst auf Schriftdeutsch so viel wie:
„Entschuldigen Sie mich, ich wollte fragen, ob sie sich in Basel auskennen. Ich muss zum Barfüsserplatz, wie komme ich dort hin?"

Du könntest allerdings auch so fragen:
„Grüezi, i hetti e Frog. Wie chum i vo do zum Barfüesserplatz? Chönnte Sie mir dr Weg beschriebe?"

Das heisst so viel wie:
Guten Tag, ich hätte eine Frage. Wie komme ich von hier zum Barfüsserplatz? Könnten Sie mir den Weg beschreiben?

Diese Fragesätze können variieren und im Notfall kann man immer noch auf Schriftdeutsch sprechen. Was allerdings viel interessanter ist, ist die Schweizerdeutsch Wegbeschreibung zu verstehen. Darum schauen wir uns nach der Vokabular Liste genau solche Beispiele an.

Vokabeln

Schweizerdeutsch	Hochdeutsch
Hinderschi	Nach hinten
Fürschi	nach vorne
Chrüzig	Kreuzung
Stross	Strasse
Verzwigig	Verzweigung
Zebrastreife	Fussgängerstreifen
grad us	gerade aus

Jetzt bist du dran

1. Ich stehe an der Tram- und Busstation Karl Barth-Platz und sollte zu einem bestimmten Ort kommen. Eine Passantin gibt mir auf Schweizerdeutsch folgendermassen Auskunft. Finde heraus, wo ich hin muss:

„Si laufe jetzt bis an die neggschti Verzwigig richtig UBS Bank. An dr Krüzig acho nemme si die rechti Stross. Mir laufe jetzt alles die Stross hinderschi. Sie isch recht lang und es chöme zwei Chrüzige, bi beidne laufe si eifach grad witter. Sie werde direkt nach dr zweite Chrüzig ame spezielle Zentrum verbi laufe. Am Endi vo dr Stross ahcho, isch dört au grad wieder e Busstation und sie wähle dr Weg nach rechts. Nacheme churze Weg chame denne direkt wieder nach links abbiege. Denne laufe mr alles dere Stross noche, sie macht e grossi Kurve und denne stöhnd mr direkt vorem Zielgebäude."

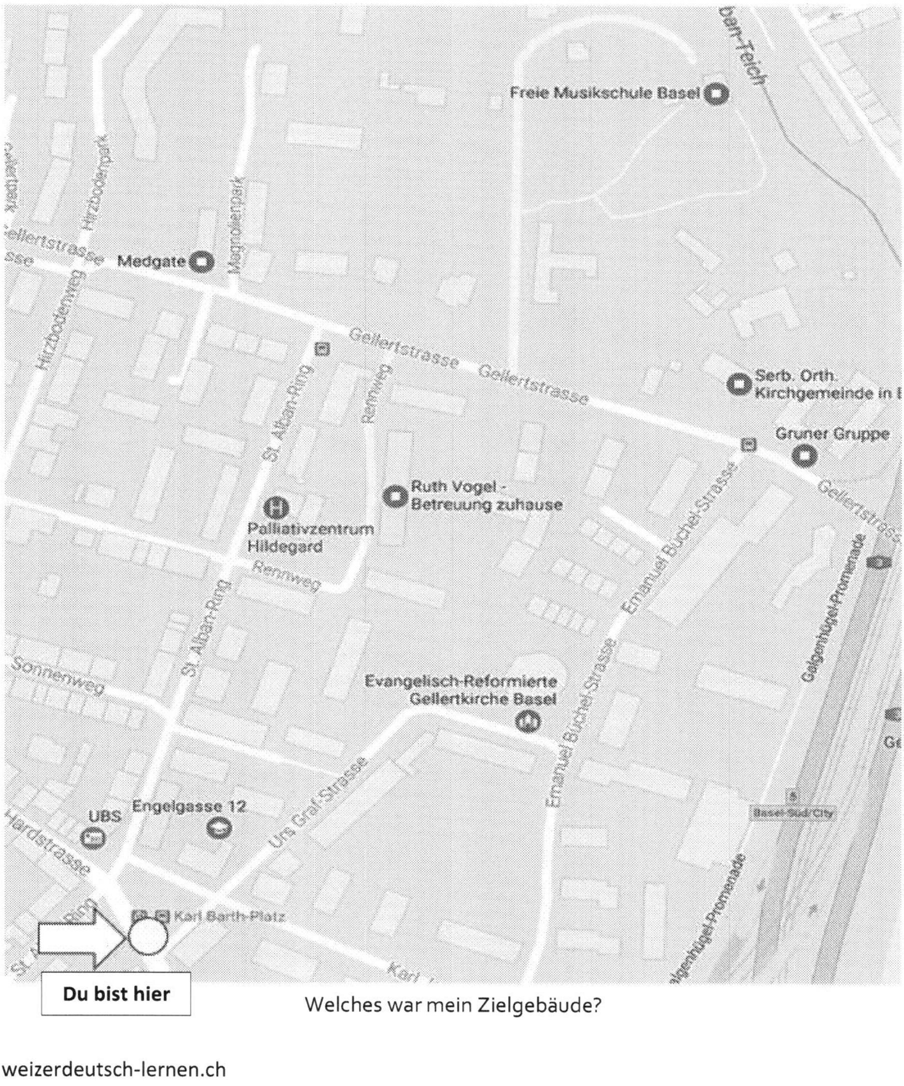

Welches war mein Zielgebäude?

2. Wir haben dieselbe Situation noch einmal. Ich befinde mich beim Punkt, wo führt mich die Wegbeschreibung hin?

„Wenn du usem Huus gohsch laufsch richtig die grossi Hauptstross. Du sehsch Caramel Bar zu dinere Linke und über dr Caramel Bar isch au no en grosse Kreisel. Überquer d Hauptstross am Zebrastreife und blieb immer uf em Trottoir. Wennde die Stross überquert hesch, hesch grad zwei chlini Fuessgängerwegli vor dir. Eine drvo heisst „Titlisstrasse", de nimmsch du und laufsch ca. drei Minute entlang vo dem. Denne chunnsch wieder ufe Krüzig, wo allerdings au Autos fahre, dört laufsch witter grad us.

Dört chunnt direkt e Busstation, und es Stross biegt vo obe in dini Stross ih. Söll di nit störe, du laufsch witter grad us. Bi dr neggschte Chrüzig bisch dim Ziel scho sehr noch. Du laufsch es kurzes Stückli witter grad über d Chrüzig und denne sehsch zu dinere rechte Hand es grosses Gebäude, jetzt bisch bi dim Ziel ahcho. "

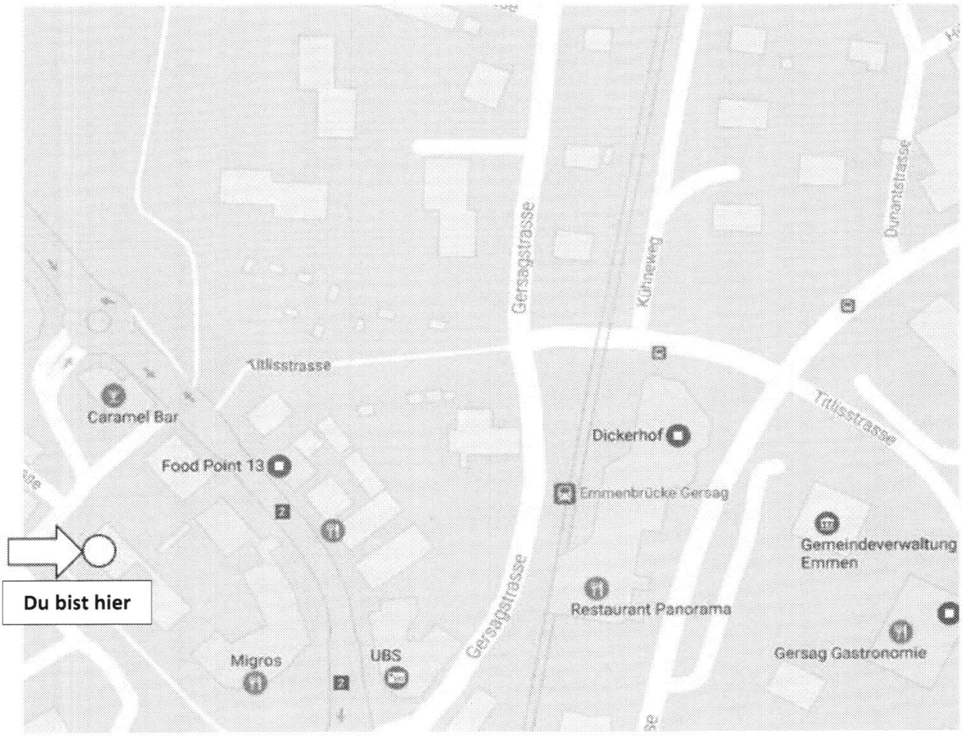

Welches Gebäude war das Ziel?

3. Diesmal sind wir in Zürich unterwegs und du stehst vo dem Uhrenmuseum Beyer. Du triffst auf folgende Wegbeschreibung:

„Du stohsch vorem Ihgang vom Uhremuseum Beyer z Züri. Wennde d Stross druf luegsch sehsch S Carlton Restaurant und Bar. Doch du gohsch jetzt die Stross genau in die entgegegsetzti Richtig. Du laufsch die Stross grad drab. Rechts hets zwar e Abzwigig, aber du laufsch witter in Richtig Züghusplatz. Nachem Züghusplatz laufsch eigentli genau in dr bekannti Paradeplatz ihne. Jetzt laufsch diagonal beziehigswis quer über dr Paradeplatz. E chleine Tipp, dört isch au e UBS Bank. Die Stross wo de denne witter laufsch heisst Bleicherweg und füehrt die in d Richtig vonere Brugg übere Fluss. Vorher laufsch allerdings no grad übere Verzwigig, wo sich Talstrasse und dr Bleicherweg chrütze.

Wenn de jetzt grad nach dr Brugg uf dr rechte Site s erschte Gebäude nimmsch, bisch an dim Ziel ahcho."

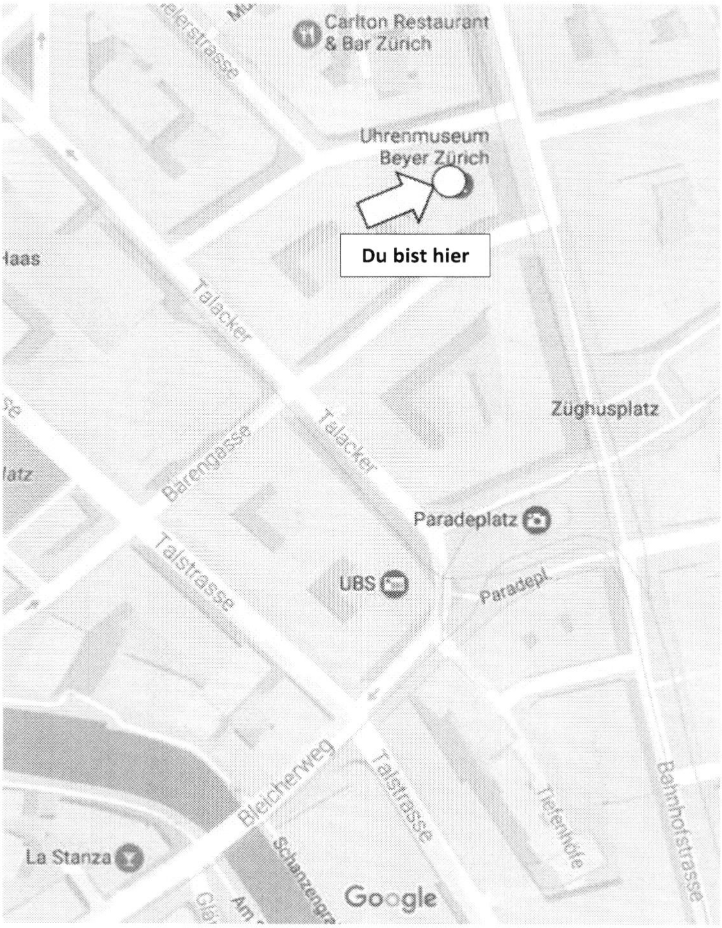

![Karte von Zürich mit Carlton Restaurant & Bar Zürich, Uhrenmuseum Beyer Zürich "Du bist hier", Haas, Talacker, Barengasse, Talstrasse, Züghusplatz, Paradeplatz, UBS, Paradepl., Bleicherweg, La Stanza, Google]

Wo hat dich die Wegbeschreibung hingeführt?

Tag 10: Beim Arzt

In dieser Lektion schauen wir uns einen Besuch beim Arzt an. Studiere den Text, nutze die Vokabular-Liste bzw. erstelle dir mit unserem Wörterbuch eine eigene und beantworte im Anschluss die Fragen. Dann wäre die Lektion für den heutigen Tag auch schon abgeschlossen.

Ab zum Arzt

Dr. Schimdt: Bitte chöme si doch grad mit Herr Müller, wenn sie wennd so guet si.

Müller: Guete Tag, danke.

Dr. Schimdt: Sie chöne grad do Platz näh, und verzelle si mr doch nomol genau wo dr Schueh druckt.

Müller: Jä, es isch eso. I ha am Wucheend bime Hindernislauf mitgmacht und sit em Tag druf, hanni starki Schmerze im Handglenk.

Dr. Schimdt: Okay, sind sie denne druf keit oder hend sis suscht irgendwie ahgschlage?

Müller: Nei, das isch ebe s komische. I cha mi nit erinnere, dasi während em Lauf öpis dumms gmacht ha.

Dr. Schimdt: Jä, das cha natürli trotzdem si. Mit dem ganze Adrenalin spürt me dr Schmerz meischtens erscht nochher. Darf i s Handglenk gern mol seh?

Müller: Sicher es isch grad do s Linke. Wenn sie luege, i chas nit bewege ohni Schmerze z ha.

Dr. Schimdt: Hmm, i seh do jetzt kei Blueterguss oder e starki Schwellig, s cha also guet si, dasses eifach entzündet isch. Trotzdem würdi gern es Röntgebild mache, zum sicher go.

Müller: Jo das wär mr au lieber.

Nach dem Röntgen

Dr. Schimdt: Es isch wie erwartet kei Bruch, dass isch schomol sehr guet. Demfall wird's e Entzündig si, dass gits no gern, wenn me lang e ungwohnti Bewegig macht.

Müller: Okay, das isch schomol guet. Wie chame sone Entzündig behandle?

Dr. Schimdt: Das isch leider au chli e langwirige Prozess. Generell chame sage, dass es Zit heilt – ähnlich wie e Muskelkater. Allerdings chönnt i ihne es Schmerzmittel verschriebe, damit si wenigschtens schaffe chönne.

Müller: Das wäri sehr guet, da ich doch gern würd go schaffe. I ha no wichtigi Projekt zum fertig mache.

Dr. Schimdt: Guet, denne nemme si je nach Bedarf ei Tablette am Morge und eini gege Obe. Allerdings chönne si die Dosis gern reduziere, wenns nüm so sehr weh macht.

Müller: Okay. Jä, das wirdi mache, i möchte jo nit no Abhängig werde drvo. I dank ihne vielmols Dr. Schmidt.

Dr. Schimdt: I wünsch ihne e gueti Besserig. Wenn sichs verschlimmert, löhnt si vo sich höre und anschuschte e gueti Zit.

Müller: Merci, glichfalls.

Vokabeln

Schweizerdeutsch	Hochdeutsch
ahgschlage	angeschlagen
öpis	etwas
Blueterguss	Bluterguss
Schwellig	Schwellung
demfall	In dem Fall

Ungwohnt	ungewohnte
Vielmols	vielmals
Ansuschte	ansonsten

Jetzt bist du dran

1. Beschrifte bei der folgenden Person die gewünschten Körperteile. Klar kannst du zum jetzigen Zeitpunkt noch nicht alle kennen, versuche es allerdings und vergleiche anschliessend mit dem Lösungsschlüssel. Dieses Vokabular kannst du bestimmt immer brauchen.

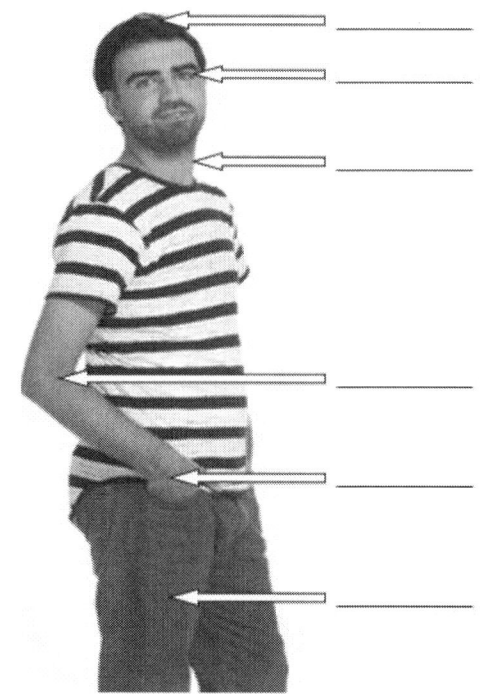

2. Was wurde dem Kunden Müller gegen seine Schmerzen verschrieben?

Antwort: _____

3. Woher kommen denn die Schmerzen, die sich Herr Müller zugezogen hat?

Antwort: _____

4. Übersetze die, teilweise sehr schweren, Hochdeutschen Begriffe ins Schweizerdeutsche:

Der Beinbruch   = _____
Die Halskrause   = _____
Der Arztbesuch   = _____
Die Spritze   = _____
Die Schmerzen   = _____
Das Medikament   = _____

5. Jetzt der umgekehrte Weg: Was heissen diese Schweizerdeutschen Wörter auf Hochdeutsch?

S Fudi   = _____
I ha miesse bräche   = _____
Krankäauti   = _____
I spür e liechts zieh im Rückä. = _____
Due di schone   = _____

Tag 11: Im Hotel

In dieser Lektion beschreibt Sonja Gwerder ihren Aufenthalt in einem Hotel. Dadurch wirst du einige Vokabeln lernen, die dir bei einem Hotelbesuch sicher helfen werden. Liess dir den Text aufmerksam durch, denn auch hier kommen im Anschluss wieder Fragen auf dich zu.

Hotelbesuch

Woni im Hotel ahcho bi, hani bi dr Rezeption miesse ihchecke. Das isch es zittli gange will i e Ahzahlig fürs Hotel ha miesse mache, bis dr Rezeptionischt mir Informatione rund um s Hotel geh het und ich dr Schlüssel fürs Zimmer becho ha.

Da s e vier Stärne Hotel gsi isch, hets im Zimmer e guet usgstattets Badzimmer kha mitere separate Badwanne. S Doppelbett isch in dr Mitti vom grosse Ruum gsi und es isch sehr heimlig dekoriert gsi. Unseri Koffere hemmer nit selber miesse ins Zimmer trage, das het e Kofferträger für eus übernoh. Für eus isch das nit selbschtverständli gsi und mir hend ihm denne au es Trinkgäld geh, wie das in dr Schwiiz drfür üblich isch.

Sowohl bim z Nacht- als au bim z Morgeesse hets es grosses Buffet kha. Du hesch us zig verschiedene Mohlzite chönne uswähle und dir drmit dis eigene Gricht zämmestelle. Drbi sind nit nur typischi Schwiizer Sache gsi, sondern s ganze isch sehr orientalisch ahghucht gsi. Nur Getränk sind exklusiv gsi, sprich die hemmer extra miesse zahle, das isch aber nit so schlimm gsi.

Zu dr wittere Usstattig vom Hotel cha me au nur witteri lobendi Wort finde. E Sauna im Keller isch jederzit verfügbar gsi und gege en Ufpris het me sich sogar e Massage chönne gönne. Im chline, aber härzige Swimmingpool chame d Füess nacheme lange Dag uf de Bei usruehie.

Dr Basketball- und Tennisplatz hintere Hotel sind au zur Verfügig gstande. Mi Maa isch do mitem Sohn täglich e paar Bölle go dunke.

S Hotel isch au sehr super gsi und dr Zimmerservice vom Zimmermeitli isch grandios gsi. Nachere Wuche entspannte Ferie hanni miteme truurige Aug miesse uschecke. Aber mir chöme sicher wieder.

Vokabeln

Schweizerdeutsch	Hochdeutsch
Das isch es zittli gange	das hat eine Weile gedauert
E Ahzahlig	eine Anzahlung
Dr Rezeptionischt	der Rezeptionist
Stärne	Sterne
usgstattets	ausgestattetes
Mohlzite	Mahlzeiten
Gricht	Gericht
ahghucht	angehaucht
härzige	süsser
Usruehie	ausruhen
Bölle	Bälle
Zimmermeitli	Zimmermädchen
truurige	traurige

Gut zu wissen

Wähle dein Hotel in der Schweiz ganz nach deinen Bedürfnissen aus, aber überlege dir vorher sorgfältig, was deine Bedürfnisse überhaupt sind. Bist du den ganzen Tag auf den Beinen und gehst am Abend in den Ausgang – dann brauchst du vielleicht gar keine Sauna und kannst dir eine Menge Geld sparen. Je nach Ziel des Aufenthalts lohnt sich auch ein ganz schlichtes Hotel, das natürlich trotzdem einen hervorragenden Service hat.

Du willst deinen Hund oder deine Katze mitnehmen? Erwähne das unbedingt bei deiner Buchung, sonst kann es eine böse Überraschung geben. Viele Hotels, nicht nur in der Schweiz, sehen es nicht sehr gerne, wenn du dein Haustier mitbringst.

Jetzt bist du dran

1. Finde und nenne drei Gründe wieso man in der Schweiz übernachten möchte und ein Hotel besucht.

(1) _____

(2) _____

(3) _____

2. Wo kriegt man in einem Hotel normalerweise „dr Zimmerschlüssel"?

Antwort: _____

3. Weisst du noch was „dr Bölle" isch? Zähle uns 3 Sportarten auf, in denen man einen „Bölle" braucht.

(1) _____

(2) _____

(3) _____

4. Konjugiere das Verb „übernachten" auf Schweizerdeutsch. Zur Hilfe, auf Schweizerdeutsch heisst es ähnlich wie im Deutschen „übernachte".

I	*übernacht*	Mir	_____
Du	_____	Ihr	_____
Er/Si	_____	Si	_____

5. Was ist die klassische Währung der Schweiz, mit welcher man überall zahlt, unter anderem auch in Hotels?

Antwort: _____

Tag 12: Freundschaften schliessen

In der heutigen Lektion schauen wir uns an, wie man eine Freundschaft mit einer neuen Person schliessen kann. Dazu springen wir in ein Gespräch an einem Firmenevent zwischen zwei Kollegen, die sich bis jetzt noch nicht kennen.

Gespräch am Firmenevent

Tom: Jä, und du schaffsch also grad im 2.OG?

Peter: Jo, allerdings erscht siteme halbe Johr. Krass, dass mr eus no nie ustuscht hend.

Tom: Scho, mir chönnte jo mol zämme go z Mittag esse.

Peter: Das mache mr. Bisch du au Fuessball interessiert? Ha gmeint i ha mol dini St. Galle Kappe gseh.

Tom: Haha, joo. I ha e Duurkarte und bi jedes Wucheend am Match.

Peter: Jo demfall chöne mr mol zämme an e Match go. I bi au scho en Fan sit i e kleine Knirbs bin.

Tom: Cool. Wenn mr scho bi dem Thema sind, dr Michael isch übrigens au en grosse Fan vom FC St. Galle. Muesch unbedingt mol mit ihm rede.

Peter: Jo, ihn kenni. Er isch min Büronochbr und mir philosophiere jedi z Nünipause drüber.

Tom: Okay. Welli Arbet übernimmsch du in dim Team eigentli.

Peter: I bi für Dokumentation vo de Umbaute im Bau 63 zueständig.

Tom: Ah, oh do lauf in letzschter Zit recht viel.

Peter: Ja, das chame so sage. Wie sehts bi dir us?

Tom: I übernimm Planige vo dr zeekünftige Investitionsplän.

Peter: Ohw, au e spannende Berich. I glaub dr Apero isch jetzt denne grad fertig.

Tom: Es seht so us. Nochr gömer jo go Bowle. Mol luege, das wird sicher e luschtigi Sach.

Peter: haha, ja das wird's. I ha scho ewigs nüme bowlt. Wird wohl eher e Katastrophe.

Tom: Jo, es goht glaub allne glich.

Peter: Do bini froh, du los, wemmer d Handynummere tüschle, denne chönne mr emol schrybe, zum öppis z unterneh.

Tom: Dasch e super Idee. I sag dr grad mini und du chasch mr jo denne schnell ahlüte. Es isch 044 444 55.

Peter: Super dankschön. Demfall hört me sich. Ha denkt mir mache das am Beschte grad jetzt, will nochr wird's sicher turbulent.

Tom: Jo sag nüt. Lueg es stiege alli scho in Bus ih, jetzt müend mr no pressiere.

Peter: Stimmt, jetzt wodes seisch. Los gohts.

Vokabeln

Schweizerdeutsch	Hochdeutsch
Du schaffsch	du arbeitest
erscht	erst
siteme halbe Johr	seit einem halben Jahr
mr eus no nie	wir uns noch nie
ustuscht	ausgetauscht
zämme	zusammen
go z Mittag essen	Mittag essen gehen
i ha gmeint	Ich dachte
Duurkarte	Dauerkarte
Wucheend	Wochenende
demfall	in dem Fall

Knirbs	ein kleiner Junge
muesch	musst
Ihn kenni	ihn kenne ich
Büronochbr	Büronachbar
z Nünipause	Pause um neun Uhr
Zit	Zeit
Planige	Planungen
zuekünftigi	zukünftige
Berich	Bereich
nochr	nachher
luschtigi	lustige
ewigs nüme	ewig nicht mehr
ahlüte	anrufen
pressieren	stressen / vorwärts machen

Jetzt bist du dran

1. Wieso haben sich Tom und Peter noch nicht vorher ausgetauscht?

Antwort: _____

2. Beide sind Fan von was genau?

Antwort: _____

3. Was sind die Zuständigkeitsbereiche der beiden in der Firma?

Tom: _____

Peter: _____

4. Wieso bricht das Gespräch ab und was passiert nachher?

Antwort: _____

5. Übersetze folgende Sätze sinngemäss ins Hochdeutsche:

„Ja, das chame so sage. Wie sehts bi dir us?"

_____

„Mol luege, das wird sicher e luschtigi Sach."

_____

„Jo, es goht glaub allne glich."

_____

Tag 13: Die Schweizer Küche

In dieser Lektion werden wir uns anschauen, was die Schweizer Küche zu bieten hat. Im Kapitel morgen schauen wir uns dann die Rezepte dazu an. Sei also heute schon aufmerksam, dann gibt es morgen was Gutes zu essen.

Was ässe d Schwiizer?

Es isch nit eso, dass wenn me in d Schwiiz chunnt, sofort öpis total anders gässe wird. S Land liegt mits in Europa und mir hend zig Kulture in dr Schwiiz. Das merkt me denne au bim Blick ufe Teller oder ufs Ahgebot vo de Restaurant. Vo traditioneller Schwiizer Chuchi bis hi zu mongolische oder japanische Spezialitäte loht sich sicher alles finde. Au dr McDonald, Burger King oder e Dounkin` Donuts wirdsch ohni Problem finde. Dorum wird's für di sicher kei Qual, wenn du die traditionelli Schwiizer Chuchi nit gern hesch.

Traditionells Ässe

Mir sind in eusne traditonelle Gricht prägt vo de Milchprodukt. Früehner het eifach no fascht jedi Familie sini Chüeh kha und Milch isch eins vo de wichtigschte Nahrigsmittel-Ressource gsi. Drum stimme au Klischees „Schoggi und Chääs", beides Milchprodukt.

Drum muesch wennde in dr Schwiiz bisch unbedingt es Fondue oder es Raclette probiere. Du wirsch es liebe, das versprichi dir – vorusgsetzt du hesch Chääs gern. Wenn das zuetrifft bisch sowieso im Paradies und muesch unbedingt mol in e Chääserei go. Es git X-hundert verschiedeni Hart- und Weichchääs Sorte, do chasch di dureteschte und findsch sicher dr ein oder ander Exot.

S zweite grosse Thema isch natürli d Schoggi. Mir sind nit umsunscht weltwit bekannt drfür. Au do gits sehr bekannti Marke und die biete sehr viel verschiedes ah. E Bsuech innere Schoggifabrik lohnt sich doppelt, aber Achtung, iss nit z viel, es wird eim schnäll schlächt. Ganz geil isch zum Bispiel au es Schoggifondue. Dodrbi werde Frücht in flüssigi Schoggi dunkt – en Traum vonere Kaloriebombe.

Kantonali Verschiedeheite

Generell loht sich sage, dass abgeseh vo de weltwit bekannte Spezialitäte, die traditionelle Gricht regional sehr unterschiedlich sind und vo Kanton zu Kanton öpis anders als Tradition gilt. Usem Apezell chöme zum Bispiel d „Biberli". Das isch e Süssspiss wo in dr Schwiiz gern mol zum z Nüni oder z Vieri konsumiert wird. Es isch e Lebchuche, wo gfüllt isch mitere Mandel- oder Nussfülig. Z Basel gits um d Fasnachtszit ume, d Mehlsuppe oder d Chääsweihe, wo sehr bekannt sind. D Baasler selber verschenke eigentli immer Basler Läckerli, e Spezialität usem Läckerlihuus. Was susch gern gesse wird isch Suuri Läberli – das isch aber wirkli gschmackssach, will nit jede gern Läbere isst.

Denne gäbts do no Züri Gschnetzelts und wie chönnt mes au andersch vermuete, das isch e Zürcher Spezialität us Gschnetzeltem anere Rahmsauce. E Zürcher Spezialität isch denne no weltwit bekannt worde, s Birchermüesli. Dr Maximilian Bircher-Benner het das Gmisch aus Haferflocke, Nüss und Frücht erfunden und wird hüt weltwit konsumiert. In dr Inneschwiiz gits die beschte Älpermagrone, nacheme Tag uf dr Schiipischte isch das e genials Gricht. Tessiner sind bekannt für s Polenta, wo dört wüchentlich gesse wird – das ässe d Dütschschwiizer eher seltener.

So chönnte mr eus jetzt witter durch jede Kanton oder jedes Dorf kämpfe und werde immer neui Spezialitäte usefinde. Aber mir nemme do jetzt do nit alles vorweg, tescht di doch am beschte selber dure und find use, was dir gfallt.

Vokabeln

Schweizerdeutsch	Hochdeutsch
Es isch nit eso	Es ist nicht so
chunnt	kommt
öpis	etwas
gässe	gegessen
hend	haben
ufe	auf den
ufs Ahgebot	auf das Angebot
Chuchi	Küche
wirdsch	wirst du
eusne	unseren
früehner	früher
Nahrigsmittel	Nahrungsmittel
Schoggi und Chääs	Schokolade und Käse
versprichi	versprechen
Chääserei	Käserei
dureteschte	durchtesten
Bsuech	Besuch
umsuscht	umsonst
weltwit	weltweit
vermuete	vermuten
Läbere	Leber
Dodrbi	Bei dem
Verschideheite	Verschiedenheiten
gits	gibt es
Lebchueche	Lebkuchen
usem Läckerlihuus	aus dem Läckerlihaus
gschmackssach	geschmackssache
Schiipischte	Skipiste
genials Gricht	geniales Gericht
wüchentlich	wöchentlich
gfallt	gefällt

Gut zu wissen

Dr Chlöpfer: Dr Chlöpfer steht für den Cervelat im Deutschen. Die Wurst wird in der Schweiz auch sehr gerne gegessen.

Dr Röschtigrabe: Der Begriff des Röstigrabens steht in der Schweiz für die Trennung zwischen der deutschen und der französischen Schweiz. Der Begriff kommt zustande, weil das Schweizer Gericht Röschti (geschwellte Pellkartoffeln mit Butter) in der Deutschschweiz gern gegessen wird, allerdings in der Westschweiz nicht.

Chuchichäschtli: Das Wort Chuchichäschtli ist sicher vielen Ausländern ein Begriff, die mal Kontakt zu Schweizern hatten. Übersetzt hat es die Bedeutung Küchenkasten. Die Schweizer wollen unbedingt, dass die Ausländer das aussprechen, weil es für diese sehr schwer ist, den Zungenbrecher mit drei „ch" zu betonen.

Jetzt bist du dran

1. Wie du sicher bereits bemerkt hast, gibt es unterschiedliche Bezeichnungen für die verschiedenen Mahlzeiten. Übersetze hier die Begriffe sinngemäss ins Hochdeutsch:

(1) Z Nacht = _____

(2) Z Morge = _____

(3) Z Mittag = _____

(4) Z Vieri = _____

(5) Z Nüni = _____

2. Jetzt müssen wir die verschiedenen Mahlzeiten noch einer Zeit hinzufügen. Was isst man wann? Ordne die Nummer der Mahlzeit der richtigen Uhrzeit auf dem Zeitstrahl zu (eine Uhrzeit bleibt übrig):

●————————●————————●————————————●————————————●————————————●——————→

07:00   09:00   12:00   16:00   18:00   22:00

3. Für welche zwei Produkte aus dem Bereich der Lebensmittel ist die Schweiz weltweit bekannt?

Antwort: _____

4. Nenne zwei Basler- und zwei Zürcher Spezialitäten:

Basel: _____

Zürich: _____

5. Erkläre kurz und knapp, was der Röstigraben ist.

Antwort: _____

Tag 14: Kochen in der Schweiz

Nachdem wir in der letzten Lektion angeschaut haben, wie die Spezialitäten in der Schweiz heissen, möchten wir jetzt auch das ein oder andere zubereiten.

Älplermagronen: Zuetate für 4 Persone

- 2 Zwieble
- 2 Chnoblizähe
- 400 g Härtöpfel
- 2 dl Rahm
- 250 g Älplermagrone Teigware
- 70 g Chääs, z.B. Gruyère oder Bärgchääs
- 1 dl Milch
- 1 EL Butter
- Salz, Pfeffer und Muskat
- 1 kg Öpfel
- 3 EL Zucker
- Zitronäsaft
- Gmahlene Zimt

Älplermagronen: Zuebereitig

S Wasser zum Koche bringe und Salz drzue geh. In dere Zit d Härtöpfel wäsche, schäle und abspüele. Drus machsch jetzt glichmässigi chlini Stückli. D Härtöpfel chöme jetzt ins kochende Wasser und drzue gisch au no d Älplermagrone. Das ganze ca. 12 Minute bi mittlere Temperatur choche loh und ahschliessend guet abtropfe.

Jetzt duesch d Milch, dr Rahm und dr Chääs zum ufkoche bringe und denne mit Salz, Pfeffer, Muskat und mitem Chnobli würze. Drzue gisch jetzt d Härtöpfel und d Magrone und duesch das ganze vermische und nomol erwärme. Jetzt chasch d Magrone ahrichte und mit witterem Chääs no dekoriere.

Parallel drzue duesch Zwible in fini Ring schnide. Inere Brotispfanne duesch dr Butter erhitze und gisch d Zwibelring drzue. Jetz duesch si liecht röschte bis si hellbruun sind und au die gisch jetzt als Dekoration no zu de Älplermagrone.

In der Schwiiz wird klassischerwis no Öpfelmuess zu de Älplermagrone serviert und gesse. Dodrfür duesch d Öpfel schäle, in 8 Teil verschnide und s Gügi entferne. Denne mit em Zucker und es biz Wasser bi reduzierter Hitz loh chöchele. Dodrbi immer kräftig umrüehre, damit dr Zucker nit ahbrennt und das machsch bis d Öpfel völlig weich sind. Anstatt Wasser chasch au Öpfelsaft verwende. Am Schluss denne mit eme Härtöpfelstampfer d Öpfel zu Mues verwandle und mit Zucker und Zitronesaft nomol abschmecke.

So wäre die klassische Älplermagrone fertig. Natürli unterscheidet sich s Rezept vo Familie zu Familie, do het jede sis eigene Grossmuetter Rezept. Allerdings chasch mit dem do nit viel falsch mache und i wünsch dir en guete.

Ghackts mit Hörnli: Zuetate für 4 Persone

- 500g Ghackts Fleisch vom Rind
- 500 g Hörnli
- 3 EL Butter
- 2 Zwieble
- 1 Chnoblizähe
- 6 Blätter Salbei
- 3 dl Rotwii
- 2 EL Tomatäpüree
- 1 dl Boullion
- Pfeffer, Salz und Peterli
- Öpfelmuess (z.B. nach Rezept siehe Älplermagrone)

Ghackts mit Hörnli: Zuebereitig

S Ghackte im heisse Butter ahbrötle bis es dure isch. Zwieble, Chnobli und Salbei drzue geh und au kurz ahbrote. Jetzt das ganze mit Rotwii und Boullion ablösche. Au s Tomatäpüree drzue geh und das jetzt bi mittlere Hitz ca. 15-20 Minutä lo choche. Denne mit Peterli, Pfeffer und Salz würze.

Nebebi duesch d Hörnli im Salzwasser koche, solang bis si weich sind. Denne s Wasser abgiesse und d Hörnli ufem Teller ahrichte. Drzue chunnt d Hackfleischsauce und dr Öpfelmuess. So wird das ganze denne serviert.

Mir wünschen dir au do drmit en guete.

Gut zu Wissen

Älplermagrone Teigwage: Die klassischen Teigwaren für Älplermagronen sind Makkaroni. Allerdings kann hier natürlich auch jede andere Sorte verwendet werden.

Chääs: Mit jedem Käse schmeckt das Gericht anders, hier kann keine klare Empfehlung gegeben werden und es muss jeder seinen Geschmack finden. In der Schweiz wird zu vielen Gerichten noch extra geriebener Käse serviert.

Öpfelmuess: Apfelmus schmeckt am besten, wenn er selbst gemacht ist. Probiere das unbedingt aus, der Mehraufwand lohnt sich allemal.

Vokabeln

Schweizerdeutsch	Hochdeutsch
Zwieble	Zwiebeln
Chnoblizähe	Knoblauchzehe
Härtöpfel	Kartoffeln
Chääs	Käse
Öpfel	Äpfel

Öpfelmuess	Apfelmus
Zitronäsaft	Zitronensaft
gmahlene Zimt	gemahlener Zimt
drzue geh	dazu geben
abspüele	abspülen
glichmässigi chlini Stückli	gleichmässige kleine Stücke
choche loh	kochen lassen
Chnobli	Knoblauch
fini Ring schnide	feine Ringe schneiden
Brotispfanne	Bratpfanne
hellbruun	hellbraun
s Gügi	der Apfelkern
Härtöpfelstampfer	Kartoffelstampfer
Grossmuetter	Grossmutter
Ghackts Fleisch	gehacktes Fleisch
Hörnli	Hörnchen (Teigwaren Sorte)
Rotwii	Rotwein
Peterli	Petersilie
ahbrötle	anbraten
Tomatäpüree	Tomatenpüree
do drmit	damit
en guete	einen guten Appetit

Jetzt bist du dran

1. Übersetze diesen Satz ins Hochdeutsche:

„Parallel drzue duesch Zwible in fini Ring schnide. Inere Brotispfanne duesch dr Butter erhitze und gisch d Zwibelring drzue."

Antwort: _____

2. Was wird in beiden Gerichten gerne dazu gegessen?

Antwort: _____

3. Die Schweiz liebt den Käse. Was macht Käse laut dem Text so toll?

Antwort: _____

4. Benenne jeweils die Nahrungsmittel auf diesen Bildern auf Schweizerdeutsch:

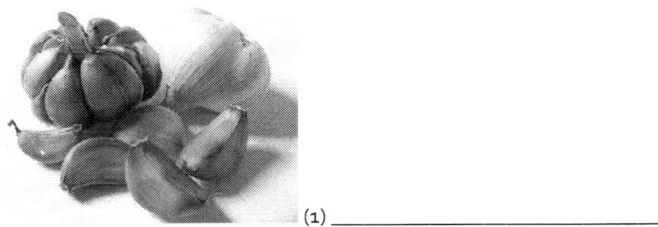

(1) _____

(2) _____

(3) _____

(4) _____

5. Jetzt kommt die Handlungsaufforderung an dich! Koche eines der Rezepte nach und poste davon ein Bild auf unserer Facebook-Seite Schweizerdeutsch lernen.

Wir sind gespannt auf dein Ergebnis und wünschen jetzt schon „en guete".
Unsere Facebook-Seite findest du auf www.schweizerdeutsch-lernen.ch/fb

Tag 15: E-Mail

Stell dir vor, du arbeitest in einer Firma als Eventmanager/in und bekommst am Morgen folgende Email. Natürlich wirst du umgehend antworten. Zur Halbzeit der 30 Tage fordern wir dich zu einer grossen Aufgabe heraus. Sei kreativ und schreibe darauf eine Antwort-Email, wo du auf den Text und die Fragen darin eingehst. Scheue dich nicht davor Fehler zu machen, sondern hol alles aus deinem gelernten Repertoire heraus. Im Lösungsschlüssel findest du eine Beispielsantwort – hier gibt es aber natürlich kein richtig oder falsch.

Absender: gruezi@schweizerdeutsch-lernen.ch

Datum: 07.01.2017 09:54

Betreff: Verahstaltig am Mittwuch

Hoi,

I hoff dir gohts guet, dr Mittwuch chunnt jo immer nöcher und i wird scho langsam nervös.

I weiss, du hesch das sicher im Griff es Community-Treffe für unseri Schwiizerdütsch lerne Chunde z organisiere, trotzdem möchti dir dodrmit nomol einigi Updates geh, wo i erfahre ha und wo mir wichtig sind.

Mir hend schwiizwit gli an die 1 000 Chunde im Kurs – mir erwarte am treffe etwa gege die 100 Persone, wo usem Ruum Züri an das Träffe chömmet. Du chasch also mol mit dere Zahl kalkuliere.

Zerscht gits wie bereits gseit en Apero, wo sich alli schomol chöne ustuusche und denne föhnd unseri churze Vorträg ah. Do gits e chleini Änderig, mir hend dr Lehrer Marco au no drzue brocht, e kurzi Präsentation über sini Lehrtechnike z halte – das isch sicher e grossi Bereicherig fürs Event.

Ahschliessend gits s gmeinsame Mittagesse, jetzt halt eifach e halb Stund spöter, das sött aber kei Problem si, oder?

Wege de Events am Nommitag, du hesch mir do mol es paar Sache vorgschlage. Mittlerwile hesch sicher genaueri Vorstellige, chönntisch du mir sage, was du do genau plannsch? Nutzisch au no anderi Locations in Züri für das?

Für mich wäre so Infos wichtig, drmit i e paar Ihblick uf Facebook und in de Emails cha geh, drmit sich au unseri Gäscht es bizzeli chöne uf das Event vorbereite.

I wünsch dir en schöne Daag und bedank mi scho jetzt für dini Antwort.

Liebi Grüess
Anna-Lena

Jetzt bist du dran

Du hast diese Email erhalten, wie du daraus ziehen kannst, organisierst du für die Schweizerdeutsch lernen Community als Eventmanager/in ein Treffen mit verschiedenen Aktionen. Beantworte die Fragen von Anna-Lena und gib ein wenig Einblicke in das Event (Natürli e Schwiizerdütschi Email).

Absender: _____

Datum: _____

Betreff: AW: Verahstaltig am Mittwuch

Ciao Anna-Lena,

_____

_____

_____

_____

_____

_____

_____

_____

_____

_____

_____

_____

_____

_____

_____

_____

_____

_____

_____

_____

_____

_____

_____

_____

_____

_____

Liebi Grüess

_____

Tag 16: Chat Nachrichten untersuchen

In dieser Lektion werden wir uns einige klassische Handychats anschauen und diese untersuchen. Gerade hier findet das Schweizerdeutsche sehr oft seine Anwendung und du kannst es so auch perfekt üben, da du nicht unter Zeitdruck stehst. Sprich, du kannst dir deine Zeit nehmen, um zu antworten.

Chat 1: Wochenendtrip

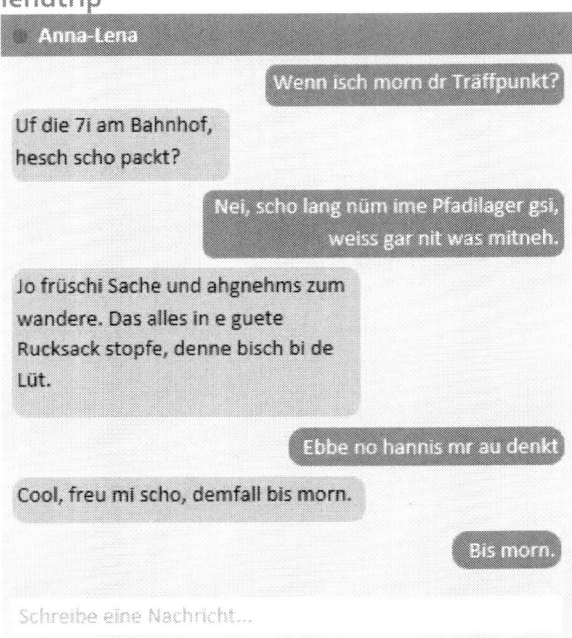

1. Was ist das Kernthema dieses Chats?

Antwort: _____

2. Um welche Zeit müssen sie morgen wo sein?

Antwort: _____

3. Was wird in den nächsten Tagen wohl ihre Hauptbeschäftigung sein?

Antwort: _____

Chat 2: Schule morgen

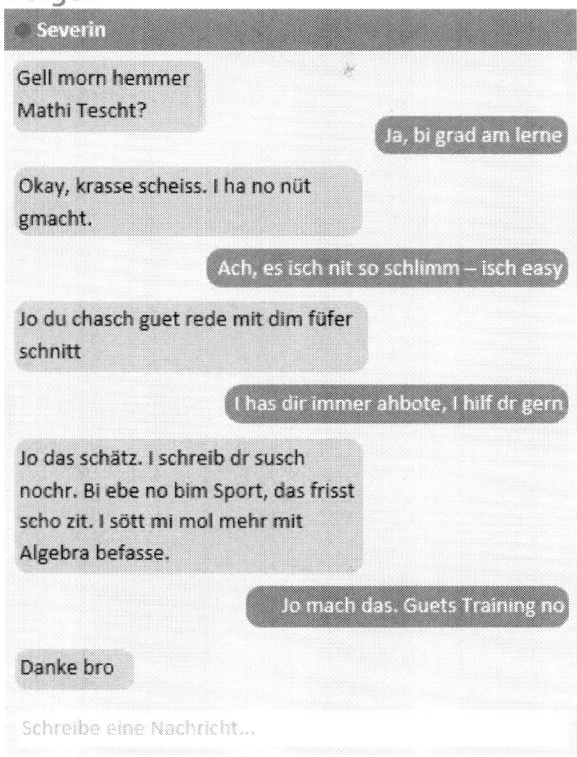

Severin

Gell morn hemmer Mathi Tescht?

> Ja, bi grad am lerne

Okay, krasse scheiss. I ha no nüt gmacht.

> Ach, es isch nit so schlimm – isch easy

Jo du chasch guet rede mit dim füfer schnitt

> I has dir immer ahbote, I hilf dr gern

Jo das schätz. I schreib dr susch nochr. Bi ebe no bim Sport, das frisst scho zit. I sött mi mol mehr mit Algebra befasse.

> Jo mach das. Guets Training no

Danke bro

Schreibe eine Nachricht...

1. Wieso ist Severin scheinbar nicht gut in Mathematik?

Antwort: _____

2. Wo liegen Severins grösste Probleme in der Mathematik?

Antwort: _____

3. Was erfährst du über die zweite Person, dessen Handy wir hier sehen?

Antwort: _____

Chat 3: Mutter – Tochter

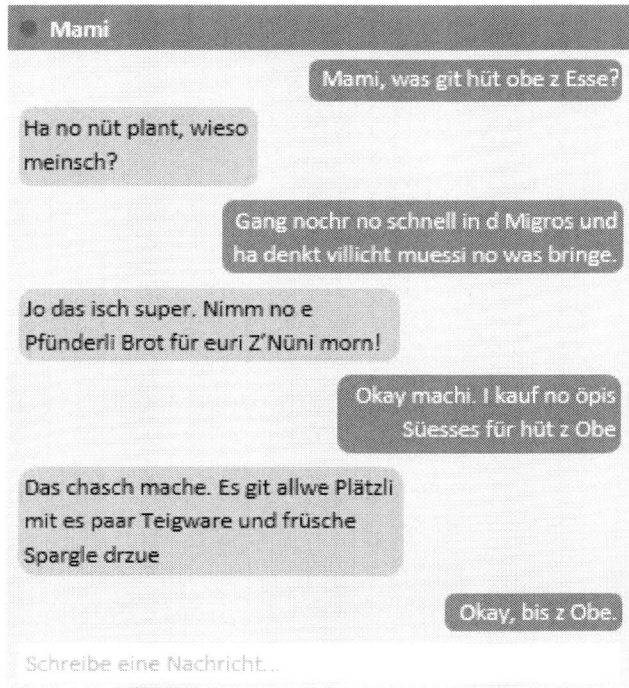

1. Wieso fragt das Kind die Mutter, was es zu essen gibt?

Antwort: _____

2. Was kauft das Kind alles?

Antwort: _____

3. Was gibt es zum Abendessen?

Antwort: _____

Chat 4: Stadion

Robert

> Heyy, i ha die welle froge, was de hüt z obe machsch?

> I ha no nüt vor. Wieso meinsch?

> I hätti no es Billet z viel füre Iishockeymatch gege Davos. Hesch Luscht?

> Woah cool. I ha mr no überlegt, mr reis z kaufe. Klar do bini drbi

> Guet maache mr am 6i bi dr Trämlistation, okay?

> Jo voll, das passt.

> Issisch du no was denne im Stadion?

> Ja i denk das machi. E guete Chlöpfer duets.

> Machi au, demfall bis nochr

> Bis denn

Schreibe eine Nachricht...

1. Wohin gehen die beiden heute Abend?

Antwort: _____

2. Wo treffen sie sich?

Antwort: _____

3. Wie sieht es mit dem Abendessen aus?

Antwort: _____

Begriffserklärung

Schreibstil in Chats: Der Schreibstil in solchen Chats unterscheidet sich sehr stark unter den Personen. Ein Chat zwischen zwei Teenagern sieht komplett anders aus als ein Chat zwischen zwei Geschäftsleuten, deshalb ist es sehr spannend da mal reinzuschauen. Wir sehen auch, dass diverse Abkürzungen verwendet werden und einfachheitshalber komplett auf die Gross- und Kleinschreibung verzichtet wird (Am Smartphone getippt).

Chlöpfer: Wir Schweizer nennen die Cervelat Wurst liebevoll „Chlöpfer". Das Wort haben wir in der Lektion „Beim Metzger" bereits angetroffen.

Vokabeln

Schweizerdeutsch	Hochdeutsch
Träffpunkt	Treffpunkt
hesch scho packt	Hast du schon gepackt?
ime Pfadilager	in einem Pfadfinderlager
mitneh	mitnehmen
früschi Sache	frische Sachen
demfall	in dem Fall
Mathi Tescht	Mathematik Test
no nüt gmacht	noch nichts gemacht
dim füfer Schnitt	deinem fünfer Schnitt (Schweizer Schulnotensystem)
ahbote	angeboten
frisst scho zit	frisst schon Zeit
hüt obe	heute Abend
wieso meinsch	wieso meinst du
villicht	vielleicht
Pfünderli Brot	Pfund Brot
Z'Nüni	Zwischenmahlzeit um 9
Süesses	Süsses
früschi	frische
Iishockeymatch	Eishockeymatch
Hettsch Luscht?	Hättest du Lust?
m reis z kaufe	mir eines zu kaufen
Chlöpfer	Cervelat

Schweizer Kultur

Tag 17: Umgang mit Schweizern

Dieses Kapitel könnte für viele sehr interessant sein, denn wie tickt ein Schweizer denn wirklich? Auf was wird Wert gelegt? Diese Informationen können sehr hilfreich sein und dir in Zukunft viele Fragen ersparen.

Pünktlikeit

D Pünktlikeit gniesst in dr Schwiiz sone hohe Stellewärt, wie suscht chum neume uf dere Welt. I mein, wenn me Züg verglicht, denne wird in dr Schwiiz gmotzt und gjommert, wenn dr Zug au nur 3 Minute z spott abfahrt. In gwüsse südliche Länder isch me doch froh, wenn dr Zug überhaupt chunnt. Das übertreit sich denne au uf d Treffe mit Schwiizer. Wenn me uf die 5i abmacht, isch me am 5i döt. Wenns eim nit lengt git me gnueg früeh bscheid und loht sich im idealfall e gueti Usred ihfalle, denn Schwiizer hasses wenn me z spott isch.

Gspröch miteme Schwiizer

Wenn du uf dr Stross öper ahsprichsch oder er di ahspricht, wird das in dr Regle immer uf Schwiizerdütsch passiere. Falls dus wirkli nit verstohsch, denne sag das dim Gegeüber. Das isch nit unfründlich und die meischte Gsprächspartner werde uf Hochdütsch wechsle, will jede vo eus het in dr Schuel Hochdütsch glernt. Und i mein mir lese und luege au praktisch alli Film uf Hochdütsch. Unter Fründe begrüsst me sich in dr Schwiiz in dr Regle mit em Hand geh. Au bi fremde macht me das, wenn me sich vorstelle möcht. Allerdings goht niemer im e Lade dr Kassiererin oder im Restaurant dr Servierdame d Hand go geh. In dr Weschtschwiiz, wo si vorwiegend Französisch rede, begrüesst me sich in dr Regle mit drei Küssli.

Was isch ahbrocht? Was nit?

Im Gspröch mit Schwiizer gits einiges z beachte. S grosse Tabuthema isch vor allem Geld. Frog keine wie viel Lohn er kriegt oder wie viel er het chönne spare. Au wie tüür d Ferie gsi sind, goht normalerwis niemerts öppis ah. Obwohl mir s Land vo de Banke sind, odr villicht genau dorum, sind mir sehr verklemmt in dere Beziehig. Au sexuelli Theme werde weniger gern öffentlich diskutiert, aber do isch die jungi Bevölkerig vo dr Schwiiz doch scho einiges offener worde als ihri Eltere.

Es Thema, wo me immer cha drüber rede isch s Wetter. Im Smalltalk Kapitel rede mr au nomol drvo, aber das goht wirkli immer. Me cha sich immer beklage oder freue und das am beschte no minütlich wechsle. „Ha hüt isches endli wieder mol schön warm und i cha in d Badi go" und im Gegezug sage mr denne wieder „unerträglich isches bi denne Temperature im Zug, do fangi immer afo schwitze". S gliche chame mit dr Chälti durezieh, also so entstöhnd scho recht viel Gspröch in dr Schwiiz.

Wenn öper meint er chönni Schwiizerdütsch rede, nur willer hinter jede Satz es „li" drahängt, denne isch das es grosses No Go. Das wit verbreitete Grücht stimmt ebe gar nit. Klar bruche mr amigs es „li" aber wenn me das hinter jedes Nome hängt, denne wird das ziemlich verwitzelt und dr Schwiizer fühlt sich in sinere Sproch beleidigt. Drum lieber richtig Schwiizerdütsch lerne.

Höfflichkeit

D Höfflichkeit gniesst au en grosse Stellewert. I weiss nit ob weltwit irgendwo so oft „danke und bitte" gseit wird. Hengs am beschte an jedi Bitt mit ah und bedankt di lieber einisch z oft als einisch z wenig. Im Gschäft seit dr Schwiizer zum Bispiel au nach dr 5. Türe wonem dr Kolleg ufhebt nomol dankschön. Das ghört eifach drzue.

Wenn du zum Esse ihglade bisch, denne erschien am beschte au nie mit leere Händ. E Schwiizer bringt meischtens irgend en guete Wyy oder es paar Praline mit. Eifacher isches wenns e Grillfescht oder so isch, denne frogt me normalerwis im vorus, ob me was cha mitbringe. Das sind denne meischtens Sache wie irgend en spezielle Salat oder es feins Dessert, wo nochr alli drvo profitiere.

Generell isch z sage, dass dr Durchschnitts-Schwiizer sehr fründlich, aber eher zrugghaltend isch. Im erschte Schritt mache isch er nit wirkli guet, aber sobald s lis broche isch, ischer kontaktfreudig und schätzt s Gspröch. Also nüt wie los gohts.

Vokabeln

Schweizerdeutsch	Hochdeutsch
Pünktlikeit	Pünktlichkeit
chum neume	fast nirgends
gmotzt und gjommert	gemotzt und gejammert
z spott	zu spät
gwüsse	gewissen
Wenns eim nit lengt	Wenn es einem nicht reicht
Usred ihfalle	Ausrede einfallen
öper	jemand
dim Gegeüber	deinem Gegenüber
unfründlich	unfreundlich
Fründe	Freunde
niemer	niemand
Küssli	Küsschen
het chönne spare	sparen konnte
tüür	teuer
normalerwis	normalerweise
niemerts	niemand
jungi Bevölkerig	junge Bevölkerung
minütlich	jede Minute
d Badi	das Freibad
d Chälti	die Kälte
s Grücht	das Gerücht
weltwit	weltweit
an jedi Bitt	an jede Bitte
s Nome	das Nomen
en Wyy	einen Wein
zrugghaltend	zurückhaltend
lis	Eis

Jetzt bist du dran

1. Du wirst an eine Grillparty in der Nachbarschaft eingeladen. Was machst du bzw. welche Vorbereitungen triffst du?

Antwort: _____

2. Was sind zwei Tabu-Themen, wenn du mit einem Schweizer einen kleinen Smalltalk führst?

Antwort: _____

3. Über welches Gesprächsthema kann man hingegen immer reden, egal wie es sich gerade verhält?

Antwort: _____

4. Was bedeutet der Satz „*In gwüsse südliche Länder isch me doch froh, wenn dr Zug überhaupt chunnt.*" auf Hochdeutsch übersetzt?

Antwort: _____

5. Was ist für einen Durchschnitts-Schweizer das wichtigste Gut und die wichtigste Eigenschaft?

Antwort: _____

Tag 18: Geschichte der Schweiz

In diesem Kapitel springen wir kurz durch einige wichtige Ereignisse in der Entwicklung der Schweiz. Anschliessend warten ein paar Probefragen auf dich.

D Ahfäng vo dr Schwiiz

Ganz am Ahfang, vor vielne Millione Johr, hets d Kollision zwüschenem afrikanische und em europäische Kontinent geh. Dodrbi hend sich gwüssi Landstrich erhebt und dodrus sind die hüttige Alpe entstande, wo hützutags es typischs Merkmal vo dr Schwiiz worde sind.

Geburt vo dr Schwiiz

Mit dr Zit hend sich Völker in de Täler zu Gmeinschafte zämmegschlosse, will das em Zweck dient het. So zum Bispiel zu Verteidigung oder Arbeitsufteilig. D Gründigsurkunde vo dr Schwiiz usem Johr 1291 isch bis hütte erhalte, dr sogenannti Bundesbrief. Damals sölls dr Rütlischwuur geh ha, wo sich Uri, Schwyz und Unterwalde zämme do hend zum Grundstei vo dr hüttige Schwiiz. Die Sach isch genauso umstritte, wie dr Freiheitskämpfer Wilhelm Tell. Trotzdem, bewiese isch, dass dr Bundesbrief 700 Johr alt isch.

Zumene spötere Zitpunkt, mit zuenehmender Gfolgsschaft sind denne au no Städt wie Züri, Bärn und Luzern dem Bündnis bitrete.

Religiösi Krise und d Revolution

Die unterschiedliche weltliche und geischtliche Ahsichte hend zu Konflikt zwüsche de Städt gfüehrt, was denne au zumene Bürgerchrieg eskaliert isch. Dodrbi het sich au dr Kantönligeischt gstärkt, wo bis hüte in eusem Föderalismus z spüre isch.

Analog zur französische Revolution hets au e Schwiizer Revolution mit fränzösischer Unterstützig geh. Dodrbi isch die helvetischi Republik entstande, welli aber spöter an de Erwartige selber wieder gschittert isch. Trotzdem sind Grundstei hänge bliebe, wo hütte in dr Demokratie spürbar sind.

Dr Napoleon isches denne gsi, wo die föderalistischi Verfassig in dr Schwiiz duregsetzt und alli Kantön zu Glichberechtigte usgsproche het.

Bundesverfassig – die moderni Schwiiz

Mit dr Zit het sich d Demokratie denne immer mehr duregsetzt, bis es denne zu de Sonderbundschrieg cho isch. E schwarzes Kapitel vo dr Schwiiz, allerdings het d Niederlag vo de konservative Chräft dr Weg zu dr moderne Bundesverfassig gebnet. Die Bundesverfassig vom Johr 1848 het zwar einigi Revisione durchlofe, aber isch bis hütte gültig.

Durch das, dass mr im 20. Johrhundert in kei Chrieg verwickelt gsi sind, stoht d Schwiiz füre neutrali Politik. Durch das hemmer hochqualitativi Produkt chönne schaffe und au drum stoht d Schwiiz hüt weltwit für Qualität und Präzision.

Das isch jetzt alles sehr grob gsi und me sött viel tiefer ins Detail go, trotzdem isch de Überblick sichr kei schlächte Ahfang.

Vokabeln

Schweizerdeutsch	Hochdeutsch
Ahfang	Anfang
Johr	Jahre
dodrus	daraus
hützutags	heutzutage
Gmeinschafte	Gemeinschaften
Arbeitsufteilig	Arbeitsaufteilung
hütte	heute
zämme	zusammen
Zitpunkt	Zeitpunkt
Gflogsschaft	Gefolgschaft
Bürgerchrieg	Bürgerkrieg
gstärkt	gestärkt
Unterstützig	Unterstützung
gschittert	gescheitert
duregsetzt	durchgesetzt
Chräft	Kräften
gebnet	geebnet
durchlofe	durchlaufen
weltwit	weltweit
kei schlächte Ahfang	kein schlechter Anfang

Jetzt bist du dran

1. Welches geographische Ereignis führte zu den heutigen Alpen?

Antwort: _____

2. Aus welchem Jahr ist die Gründungsurkunde der Schweiz und von welchen Kantonen wurde sie erstellt?

Antwort: _____

3. Wie heisst ein berühmter Freiheitskämpfer der Schweiz?

Antwort: _____

4. Welches Ereignis in der Schweiz ebnete den Weg zur heutigen, modernen Bundesverfassung?

Antwort: _____

5. Übersetze die folgenden Sätze sinngemäss ins Hochdeutsche:

„Dodrbi hend sich gwüssi Landstrich erhebt und dodrus sind die hüttige Alpe entstande, wo hützutags es typischs Merkmal vo dr Schwiiz worde sind."

_____

„Trotzdem sind Grundstei hänge bliebe, wo hütte in dr Demokratie spürbar sind."

_____

„Durch das hemmer hochqualitativi Produkt chönne schaffe und au drum stoht d Schwiiz hüt weltwit für Qualität und Präzision."

_____

Tag 19: Schweizer Politik

Die Schweiz ist weltweit für ihr politisches System bekannt. Doch was macht es so speziell und von welchen Vorteilen profitieren wir? Das sind Fragen, die dir in der heutigen Lektion beantwortet werden.

Demokratie der Schweiz

D Regierigsform vo dr Schwiiz entspricht ere halbdirekte Demokratie. Si het im Verglich zum Usland sehr stark usprägti Element vo dr direkte Demokratie. Das bedütet, dass s Volk die oberschti politischi Inschtanz isch und selber über Sachfroge und Gsetz bestimme darf (direkti Demokratie). S Volk wählt s Parlament und das wählt denne d Bundesrot (indirekti odr repräsentativi Demokratie).

Föderalismus

Bim Föderalismus redet me in dr Schwiiz vo drei Stuefe. Das isch zum eine dr Bund, denne d Kantön und z unterscht d Gmeinde. Jedi vo denne drei Stufe het e eigeni Gwaltetrennig und somit au eigeni Verfassige und Gsetz. Uf Bundesebeni isch z.B. d Usepolitik oder d Landesverteidigung gregelt. Hingege Bildig isch Sach vo de Kantön. Drum het me in dr Schwiiz au kei einheitlichs Schuelsyschtem.

Neutralität

D Neutralität isch eine vo de wichtigschte Schwiizer Grundsätz. Mir beteilige eus nit an bewaffnete Konflikt mit andere Staate. Trotzdem verfüge mir über euseri Schwiizer Armee, dodrzue mehr in ere andere Lektion.

S Wahlsyschtem

Jede urteilsfähige Schwiizer Bürger bechunnt mit 18 s aktive Wahlrächt. S Frauästimmrächt isch sit em Johr 1990 Schwiizwit ihgfüehrt.

Es git bi fascht jedem Amt e Amtszitbeschränkig (d Längi wird kantonal oder in dr Gmeind gregelt). So wird sichergstellt, dass immer neui Ideeä vertrete sind und niemerts z viel Macht chan sammle. Bim Bundesrot und dr Bundesversammlig (National- und Ständerot) gits die Beschränkig nit, das füehrt immer wieder zu Diskussione. Es git 7 Bundesröt und sie werde alli 4 Johr vo dr Bundesversammlig neu gwählt. Dr Bundespräsident wird jedes Johr unter de Bundesröt usgmacht und vertritt s Land gege use.

Ihflussnahm vom Volk

Wenn e Bürger e Änderig in dr Bundesverfassig möchte vorschloh, cha er e Volksinitiative starte und muess innerhalb vo 18 Monet 100 000 Unterschriftä sammle. Denn wird das prüeft und dr Bundesrot macht e Gegevorschlag, ahschliessend chunnts zunere Abstimmig vom Volk.

Generell macht s Parlament d Gsetz und schloht e Änderig in dr Verfassig vor. Für Änderige in dr Verfassig erfolgt zwingend e Volksabstimmig., das nennt me s obligatorische Referendum. D Verfassig isch s oberschte Recht und do dra muess sich dr Staat zwingend halte. Si reglet d Grund- und d Volksrecht.

Gege Gsetzesänderige cha s Volk miteme fakultative Referendum Ihfluss neh, dodrfür bruchts 50 000 Unteschrifte und denne chunnts zur Abstimmig.

Vokabeln

Schweizerdeutsch	Hochdeutsch
D Regierigsform	die Regierungsform
Usland	Ausland
usprägti	ausgeprägte
bedütet	bedeutet
Gsetz	Gesetz
Kantön	Kantone
unterscht	unterste
Gmeinde	Gemeinden
Gwaltetrennig	Gewaltentrennung
Bildig	Bildung
Schuelsyschtem	Schulsystem
dodrzue	da dazu
Frauästimmrächt	Frauenstimmrecht
Amtszitbeschränkig	Amtszeitbeschränkung
Ideeä	Ideen
Diskussione	Diskussionen
Johr	Jahr
Ihflussnahm	Einflussnahme
vorschloh cha er	vorschlagen kann er
Abstimmig	Abstimmung
Verfassig	Verfassung
Gsetzesänderig	Gesetzesänderung

Jetzt bist du dran

1. Welche drei Ebenen gibt es im Schweizer Föderalismus?

a) _____

b) _____

c) _____

2. Was ist eines der wichtigsten Grundsätze der Schweiz laut diesem Text?

Antwort: _____

3. Was führt in der Schweizer Politik immer wieder zu Diskussionen?

Antwort: _____

4. Wie kann das Volk eine Änderung in der Bundesverfassung herbeiführen?

Antwort: _____

5. Übersetze die folgenden Sätze sinngemäss ins Hochdeutsche:

„Bim Föderalismus redet me in dr Schwiiz vo drei Stuefe."

_____

„Si het im Verglich zum Usland sehr stark usprägti Element vo dr direkte Demokratie."

_____

„So wird sichergstellt, dass immer neui Ideeä vertrete sind und niemerts z viel Macht chan sammle."

_____

Tag 20: Schweizer Armee

Wenn wir von der Schweiz sprechen, wird ziemlich bald auch die Armee ein Thema werden. Obwohl wir die Neutralität, wie gestern angesprochen, gross schreiben, haben wir ein gewaltiges Konstrukt. Jeder junge Schweizer kriegt darin seinen Posten und wird ins System eingepflegt. Wie das gemeint ist, erklären wir im Text.

Uftrag vo dr Schwiizer Armee

D Schwiizer Armee wird uf Änglisch d „Swiss Armed Forces" gnennt. Sie bestoht usem Heer und dr Luftwaffä. Da mir e Binneland sind, hemmer kei Marine. D Marine bruche mr au gar nit, will mr uf internationale Gwässer kei Chrieg wennd, das stoht au so in dr Bundesverfassig beziehigswis im Militärgsetz.

Dr Uftrag vo dr Schwiizer Armee isch es nämlich Chrieg z verhindere und e Biitrag an dr Friedä z leischtä. Witters isch natürli die neggschti Priorität d Schwiiz und ihri Bevölkerig in allne Belange z verteidige und uf internationale Ebeni au zur Friedensförderig e Biitrag leischte.

Was e wittere sehr wichtige Ihsatzberich isch, isch d Unterstützig vo zivile Behörde, wenns nötig isch. Das chunnt z.B. bi Umweltkatastrophe zur Ahwendig. Sprich bi grosse Erdrütsch oder Überschwämmige, wo d Rettigssoldate, Krankeabteilig oder au Sappeure hälfe chönne.

Was sich klar usekrischtallisiert isch, dass d Schwiizer Armee nit do isch zum Krieg füehre, sondern genau fürs Gegeteil. Mir wennd en mit allne Mittel verhindere, was dem Land sicher hoch ahzrechne isch.

Ufbau vo dr Schwiizer Armee

D Eigeheit vo dr Schwiizer Armee, was vieli europäischi Länder nüm hend, isch s Milizsyschtem. Sprich jede Schwiizer muess im 20. Lebensjohr zur Ushebig ahtrabe. Dört wird er medizinische, psychische und physische Teschts unterzoge. Ahschliessend erfolgt nach dr Uswärtig e Zueteilig zunere Einheit oder es wird uf Untauglichkeit entschide. Nur grad 5% vo de Soldate sind bim Militär als Bruefs- oder Zitmilitarischte ahgstellt. Dr Rescht zellt als AdA, also Aghörige vo dr Armee. Zerscht muess dr Rekrut e ca. 21 Wuche langi Rekruteschuel durchlaufe und het dodrmit s Grundgrüscht erlernt. Nochr muess me bis zum Alter vo 34 sini Dienschttäg in so genannte dreiwüchige WK's (Wiederholigskürs) pro Johr leischte.

Es isch e sehr ahstrengendi Zit im Militär, do me komplett usem normale Lebe usegrisse wird und weniger bis fascht gar kei Privatlebe me het, nüm viel schloft und einiges an Belaschtige ertrage muess. Trotzdem luege die meischte Junge, freudig uf die Zit zrugg. Me het vieli tolli Sache erlebt, wome no Johre spöter drüber diskutiert und me findet Kollege fürs Läbe.

Fraue in dr Armee

D Fraue dörfe sich freiwillig füre Armeedienscht stelle, sie miends aber nit. Gradmol 0.6% sind Fraue. Sie müesse hützutags aber au die gliche Leischtige bringe wie d Männer, dörfe mittlerwile aber au jedi Funktion usiebe. Früehner händ sie nit in Kampfverbänd dörfe.

D Fraue, wo d Armee gmacht hend, sind in dr Regle sehr selbschtbewusst und engagiert. Me wachst enorm dra, wenn me sich als einzigi Frau gege zig Männer muess behaupte. Die meischte Fraue findet me aber nach wie vor in de spezifische Verbänd wie z.B. Hundefüehrer odr d Sanität und weniger in dr Infanterie.

Vokabeln

Schweizerdeutsch	Hochdeutsch
Uftrag	Auftrag
Schwiizer Armee	Schweizer Armee
Änglisch	Englisch
Luftwaffä	Luftwaffe
Binneland	Binnenland
Gwässer	Gewässer
Chrieg	Krieg
beziehigswis	beziehungsweise
Bitrag	Beitrag
an dr Friedä	an den Frieden
Friedensförderig	Friedensförderung
Biitrag	Beitrag
Überschwämmige	Überschwemmungen
usekrischtallisiert	herauskristallisiert
Ufbau	Aufbau
Milizsychtem	Milizsystem
Ushebig	Aushebung
Zueteilig	Zuteilung
Zitmilitarischte	Zeitmilitaristen
Grundgrüscht	Grundgerüst
dreiwüchige Wiederholigskürs	dreiwöchige Wiederholungskurse
usegrisse	herausgerissen
Belaschtige	Belastungen
Armeedienscht	Armeedienst
gradmol	gerade Mal
Verbänd	Verbände
Hundefüehrer	Hundeführer

Jetzt bist du dran

1. Was ist die Hauptaufgabe der Schweizer Armee?

Antwort: _____

2. Was ist am Aufbau des Schweizer Militärs besonders? Wer muss in die Armee?

Antwort: _____

3. Wie sieht der Militärdienst bei Frauen aus?

Antwort: _____

4. Mit welchen Faktoren haben die jungen Männer im Militärleben zu kämpfen?

Antwort: _____

5. Übersetze die folgenden Sätze sinngemäss ins Hochdeutsche:

„Dr Uftrag vo dr Schwiizer Armee isch es nämlig Chrieg z verhindere und e Biitrag an dr Friedä z leischtä."

_____

„Nochr muess me bis zum Alter vo 34 sini Dienschttäg in so genannte dreiwüchige WK's (Wiederholigskürs) leischte."

_____

„Früehner händ sie nit in Kampfverbänd dörfe."

_____

Tag 21: Feiern in der Schweiz

Auf unserer Website haben wir einen Artikel mit dem Thema „das Feierland Schweiz". Dieser erfreute sich enormer Beliebtheit und darum war es naheliegend darüber eine Lektion zu machen und das ganze nochmals genau anzuschauen. Diesmal natürlich komplett auf Schweizerdeutsch.

D Stadt Züri – S Ushängeschild

Wenn me die grosse Feschter betrachtet, chunnt me um ei Stadt nit drumume. Das wär, wie chönnts anderscht si – Züri. I mein elei will dört s gröschte Stadtfescht vo dr Schwiiz im Juli stattfindet, s Zürifescht, muess me die Stadt als erschtes nenne. Circa 2 Millione Bsuecher werde jewils ahglockt und gniesse d Attraktione, d Wettkämpf und schlussendli denne s beihdruckende Fürwerk am See.

S zweit gröschte Fescht isch denne ebe au in Züri, d Streetparade. In dr Raver Szene isches sicher jedem e Begriff. An dem Strossefescht tanze bis zu einere Million Lüt durch Züri und gniesse d Stimmig im Auguscht. Wer lieber im Früehlig in Züri fiert, de goht am beschte ans Sechseläuten. Dört wird en Böögg[1] verbrennt. Je schneller de explodiert, desto schöner wird dr druf folgendi Summer. Doch do drmit nonig gnueg, es gäbti au no s Knabeschiesse im September. E traditionelle Ahlass wo mittlerwile au Meitli chöne mitmache. Si hend die letzschte Johre sogar teilwis gwunne!

D Fasnacht[2] und d Schwiiz

Das passt zämme. In vielne Orte in dr Schwiiz wird Fasnacht[2] gfiert. Do dominiert aber e anderi Stadt s gschehe und zwar sinds dasmol d Basler Bebbis[3]. Die drey Scheenschte Dääg sind dr gröschti Fasnachtsahlass in dr Schwiiz. Sie föhnd ah mit em Morgestraich und ende denne mitem Endstraich – beides mol am vieri am Morge. Bim Ahlass ziehnd Cliquene mit passender Musik durch d Stadt und durch d Kneipe. Zahlrichi Bsuecher probiere es paar Süessigkeite z ergattere oder gniesse eifach d Musik. D Schnitzelbängg[4] sind e super Glegeheit zum Schwiizerdütsch z lerne, vor allem wenn me e Zeedel ergattert, wo dr ganzi Texscht druf isch.

Die zweit gröschti Fasnacht isch in Luzern. Dört isches jewils s gröschte Fescht in dr Stadt und Guggemusige[5] sind, wie au in Basel es Thema. E spezielle Moment isch dört denne sicher dr Fötzelirääge – aber das muesch selber erlebt ha.

Die Eidgenössische – eusi Kultur

Die klassische Eidgenössische gits für diversi Ahläss wo eigentli typisch Schwiiz sind. Die gmeinsame Fescht sind friener sehr wichtig gsi für d Verbundeheit vo dr viersprochige Schwiiz. S Eidgenössische Schwing- und Älplerfescht befasst sich mit de Sportarte wo i dr Schwiiz erfunde worde sind. So sind die drei Diszipline Schwinge, Hornusse und Steistosse vertrete. Die erschti gniesst s höchschte Ahsehe und so wird all drei Johr fürs neue e Schwingerkönig ufem Eidgenössische küürt. Dr Schwingerkönig kriegt als Pris en lebendige Muni. Zu de Sportarte gits es eigenes Kapitel in dem Buch.

S zweite Eidgenössische wo zimlig speziell isch, isch s Jodelfescht. Früehner het me Jodle no brucht, zum vo Alp zu Alp z kommuniziere. Hüt isches e traditionelli Musikform, wo au immer mehr internationali Bedütig erlangt. Im Johr 2017 wird s 30. Eid. Jodelfescht duregfüehrt. S letzschte vor drei Johr het 200 000 Bsucher ahglockt.

Nebe denne beidne gits mitem Eid. Turn-, Musik-, und Trachtefescht no zig witteri Eidgenössischi Feschter. Jedes vo denne isch e wichtige Teil vo dr Schwiizer Kultur und en Bsuech unbedingt Wert.

Begriffserklärung

[1]Böögg: Ein künstlicher Schneemann, gefüllt mit Holzwolle und Feuerwerk. Er symbolisiert den Winter und je schneller er explodiert, desto besser wird der Sommer.

[2]Fasnacht: Die Fasnacht ist das Schweizer Pendant zum Karneval in Deutschland. Dabei wird die Zeit vor der sechsmonatigen Fastenzeit intensiv gefeiert.

[3]Bebbi: Dieser Begriff steht für die Basler. Das hat sich mit der Zeit entwickelt und ist heute Schweizweit ein verstandener Begriff. Woher die Bezeichnung genau abstammt? Darüber gibt es verschiedene Theorien. Zum Beispiel ist früher der Name Jakob bzw. Johann Jakob sehr häufig gewesen, wessen Rufname dann Bebbi war oder es kommt vom Wort „Beppeli", was für ein Basler Kind steht.

[4]Schnitzelbängg: Dies ist eine Zusammenstellung kurzer Verse, die rhythmisch zur Fasnachtszeit vorgetragen werden. Sie befassen sich immer mit aktuellen, regionalen Themen rund um die Politik, die Promis, den Sport und das Leben allgemein.

[5]Guggemusig: Eine Guggemusig ist eine Gruppe, die in Kostümen zur Fasnacht Blasmusik spielt.

Vokabeln

Schweizerdeutsch	Hochdeutsch
Feschter	Fest
Bsuecher	Besucher
s beihdruckende Fürwerk	das beeindruckende Feuerwerk
Meitli	Mädchen
gfiert	gefeiert
Die drey scheenschte Dääg	die drei schönsten Tage
Glegeheit	die Gelegenheit
Zeedel	ein Zettel
d Ahläss	die Anlässe
friener	früher
küürt	gekürt
en Muni	ein Stier

Jetzt bist du dran

1. Die Konfetti (bunte Papierblättchen) haben an der Basler Fasnacht einen ganz besonderen Namen, wie lautet der?
Antwort: _____

2. Im Artikel wurde erwähnt, dass die Schweiz 4 Sprachen spricht. Welche sind das?
Antwort: _____

3. Im Artikel ist die Rede von "de drey scheenschte Dääg". Worum handelt es sich dabei? Schreibe eine Antwort in deinen eigenen Worten (natürlich auf Schweizerdeutsch).
Antwort: _____

4. In welcher Stadt der Schweiz gibt es die grössten Feste? Nenne doch gleich 3 verschiedene.
Antwort: _____

5. Wie wird in Zürich der Sommer prognostiziert? Erkläre in eigenen Worten.
Antwort: _____

Städte unter der Lupe

Tag 22: Zürich: Die Metropole der Schweiz

Erst einmal Gratulation, du hast bereits 3 Wochen durchgezogen, das sind 21 Lektionen. Jetzt fehlen nicht mehr viele Tage und du hast dein Ziel erreicht. Jetzt kommen wir zu den Städte Guides und den Anfang macht Zürich, denn Zürich gilt als heimliche Hauptstadt der Schweiz. Aber was hat diese Stadt neben Banken und teuren Geschäften effektiv alles für Besucher zu bieten?

Züri entdecke

Um Züri z entdecke, würdi als Usgangspunkt dr Zürisee näh. De isch liecht erreichbar vom Bahnhof us und eigentli nit z verfehle. E Spaziergang rund um e See isch e sehr entspannendi Sach und au für älteri Lüt geignet, denn es het diversi Bänkli zum Pause mache. Grad im Summer isch s am Zürisee doppelt schön, will bi de rechte Temperature würdi au d Badhose mitneh.Wennde dr See gseh hesch laufsch wieder in Richtig Bahnhof durchs Niederdorf. Dört hets vieli Gasse oder sage mr besser Gässli mit chline, hübsche Gschäft. In dene chasch die unterschiedliche Sache poschte und usglasse lädele do wirds sicher nit langwilig. Für d Pause do chasch in eins vo de vielne Restaurant iichere und villicht sogar e Zürcher Spezialität wie z.B. Zürigschnetzelts gniesse.

Wotsch en guete Überblick über Züri becho, nimmsch am Hauptbahnhof s Polybähnli, wo di zur ETH[1] und dr Uni ufeüehrt. Döt gohsch denne uf d ETH Terasse, denn vo dört hesch en wunderbare Usblick. Du sehsch uf die ganzi Stadt, z.B. d Limmat[2] und dr Zürisee. Die Blick sött au mol über die pflegte Altbaute im Stadtkern go oder zur Goldküschte wo die türschte Wohnlage sind. Vo do us chasch mitem Trämli jetzt au ufe Züribärg go, wo de die richere Lüt findisch und natürli dr Zürcher Zooli.

Bewohner vo Züri

Züri isch hüt sicher eini vo de multikulti Städt vo dr Schwiiz. Durch d ETH, eine vo de weltbeschte Hochschuele und dr Uni hemmer sehr vieli usländischi Studente do. Aber denne sind no viel Banke und internationale Firme z erwähne, wo sich natürli au Fachkräft us dr ganze Welt sichere. Ansuschte hets natürli au vieli Zürcher, wo s Züridütsch no perfekt beherrsche. Me seit au d Zürischnurre und zwar fadegrad.

Was lauft in Züri

D Zürcher hend sehr vieli verschiedeni Fäschter und die locke teilwis Millione vo Lüt, au usem Usland ah. Im Früehlig wird bim Sächseläuten dr Böögg verbrennt und natürli fiert me au d Fasnacht usglasse in dr ganze Stadt.

S grosse Fescht stoht allerdings im Summer ah, wo bi dr Streetparade Tuusigi durch d Stadt tanze. Oder s Knabeschiesse, was e Schiesswettbewerb mit integrierter Mäss isch. Doch zu dene zwei hemmer innere andere Lektion no mehr gschriebe.

Ansuschte stoht natürli immer öpis ah, ob Partys, Feschter oder Fürwärk z.B. an Silveschter.

Wemme sich ruhiger will beschäftige gits dr Zürcher Zooli und diversi Museums. Oder eifach e Spaziergang wie obe beschriebe, wo me mit Shoppe verbindet. Es wird dr sicher nit langwilig.

Begriffserklärung

[1]**ETH:** Die ETH ist die Eidgenössische Hochschule für Technik. Sie ist eine der weltbesten Schulen in diversen Rankings und zieht Studenten aus aller Welt in die Schweiz.

[2]**Limmat:** Die Limmat ist ein Fluss, der durch Zürich fliesst und anschliessend in die Aare mündet.

[3]**Böög:** Dies ist ein Schneemann, der mit Holzwolle und Knallkörpern gefüllt ist. Er symbolisiert den Winter.

Vokabeln

Schweizerdeutsch	Hochdeutsch
Züri	Zürich
Usgangspunkt	Ausgangspunkt
Zürisee	Zürcher See
eigentli nit	eigentlich nicht
entspannti Sach	entspannte Sache
älteri Lüt	ältere Leute
geignet	geeignet
diversi	diverse
Bänkli	Sitzbänke
Summer	Sommer
Badhose	Badehose
mitneh	mitnehmen
wennde	Wenn du
laufsch	läufst du
Gässli	kleine Gassen
chline	kleinen
poschte / lädele	einkaufen
iichere	einkehren
wotsch	willst du
Polybähnli	Polybahn
ufefüehrt	hinaufführt
döt	dort
gohsch denne	gehst du dann
Usblick	Ausblick
Altbaute	Altbauten
türschte	teuersten
mitem Zug	mit der Bahn
richere Lüt	reicheren Leute
natürli	natürlich
Städt vo dr Schwiiz	Städte der Schweiz
weltbeschte	weltbesten
Fachkräft	Fachkräfte
me seit au	man sagt auch
Fäschter	Fest
teilwis	teilweise
Früehlig	Frühling
usglasse	ausgelassen
Tuusigi	Tausende
Mäss	Messe
ansuschte	ansonsten
Fürwerk	Feuerwerk

Silveschter	Silvester

Jetzt bist du dran

1. Wo ist es im Sommer in Zürich besonders angenehm und was sollte man nicht vergessen?

Antwort: _____

2. Von wo hat man laut dem Text in Zürich eine sehr gute Aussicht?

Antwort: _____

3. Wenn man in Zürich in ein Restaurant „duet iichere", heisst das was?

Antwort: _____

4. Wenn man mit der Familie unterwegs ist oder Tiere sehr mag, wo ist man dann in Zürich richtig?

Antwort: _____

5. Übersetze die folgenden Sätze sinngemäss ins Hochdeutsche:

„S grosse Fescht stoht allerdings im Summer ah, wo bi dr Streetparade Tuusigi durch d Stadt tanze."

_____

„Züri isch hüt sicher eini vo de multikulti Städt vo dr Schwiiz."

_____

„Ansuschte hets natürli au vieli Zürcher, wo s Züridütsch no perfekt beherrsche."

_____

Tag 23: Basel: Kulturhauptstadt der Schweiz

In dieser Lektion schauen wir uns die 3. grösste Stadt der Schweiz genauer an: Basel. Basel liegt im Nordwesten der Schweiz und grenzt an Deutschland und Frankreich. Der Euroairport liegt in der Nähe und daher ist die Stadt sehr gut zu erreichen. Was macht sie sonst noch besonders?

Basel z Fuess erkunde

Ä sehr guete Weg Basel gmüetlich z erkunde isch tatsächlich z Fuess. Wenn me bim Hauptbahnhof startet schlendert me gmüetlich zum Barfi[1] abe. Dört het me schomol richlich Geschäft, Bars und Restaurants zur Uswahl. Dr Weg füehrt witter durch d Basler Altstadt wo me an vielne kleine, antike Gschäfter und Buechläde verbi chunnt. Dört chunnt me denne zum Märtplatz, wo s einte Wahrzeiche vo dr Stadt stoht: s Rothuus us rotem Sandstei. Jetzt würdi ime Tourischt e Bsuech im Läckerlihuus empfehle und die Basler Spezialität z verkoschte. S zweite Wahrzeiche findsch denne am Münschterplatz, wo natürli s Münschter stoht. Vo dr dörtige Plattform hesch en genials Panorama und e wunderschöne Usblick ufe Rhy.

Am Rhy sött di Spaziergang jetzt au witter go. Bi gutem Wetter chasch dört perfekt Sunne tanke, im Summer sogar bade und in eim vo de viele Kaffi en gemütliche Nomittag verbringe.

Wieso zum Tüüfel Kulturhauptstadt?

E berechtigti Froog wo sich stellt isch, wieso isch Basel d Kulturhauptstadt? D Antwort isch eifach. Es het 40 Museums. Das isch mehr als jedi anderi Stadt in dr Schwiiz und es het es paar sehr bekannti drunter. S früsch renovierte Kunschtmuseum oder die moderni Fondation Beyeler zellt sicher zu de Hauptattraktione, wo Liebhaber und Ussteller us dr ganze Welt ahlocke.

Für Fans vo Abstraktem gäbs denne s Tinguely Museum, s coole isch, du muesch durch Grenzacher Stross go, zum dört hi cho. Dört stoht s gröschte Gebäude vo dr Schwiiz, dr Bau 1, s Bürogebäude vo dr Roche[2].

Wenn Museums nit so dim Gschmack entspreche gäbs au no dr Basler Zooli, wo sehr viel Beliebtheit gniesst. Über 600 Tierli us aller Welt sind dört diheime. Wennde s Kapitel Fuessball scho glese hesch, weisch das e Bsuech am e FCB Match sicher au kei schlechte Entscheid isch, denn d Muttenzerkurve[3] macht mächtig Stimmig. D Fraue chönne sich in dere Zit im Shopping Center unterem Joggeli[4] verwile.

Feschte z Basel

Wenn me Feschter mit Basel verbindet chunnt me nit an de drey scheenschte Dääg verbi. Das sich d Fasnacht z Basel wo e sehr hohe Stellewert het. Beginnend mitem Morgestraich herrscht Usnahmezuestand und Waggis dominiere d Strosse.

Je nach Monet wo de do bisch, chasch d Herbschtmäss oder dr Wienachtsmärt bsueche. Au das isch e schöns romatischs Ereignis. Anderi kenne Basel villicht wege de bekannte Events am Mässeplatz, wo d Art Basel oder Baselworld stattfindet. Do empfange mr au jöhrlich Gäscht us aller Welt. Für Tennis Stars isch d Swiss Indoors Basel sicher es Highlight, wo sich dr Roger Federer mit de Stars usem Tennis duelliert. Z Basel isch immer öppis los.

Begriffserklärung:

[1]**Barfi:** Der Barfüsserplatz, abgekürzt Barfi, ist einer der zentralen Plätze in Basel. Von dort aus kommst du in alle Richtungen, z.B. die Steinerstrasse, die Altstadt oder den Theaterplatz. Zudem ist es der Knotenpunkt von diversen Trams.

[2]**Roche:** Die Hoffmann-La Roche AG ist eine internationale Pharmafirma, die ihren Hauptstandort in Basel hat.

[3]**Muttenzerkurve:** Die Muttenzerkurve ist die Fankurve im Basler St. Jakob Park. Die Fans sind bekannt dafür, sehr passioniert zu sein und während dem ganzen Spiel Stimmung zu machen.

[4]**Joggeli:** So wird das Fussball Stadion St. Jakob Park liebevoll in Basel abgekürzt genannt.

Vokabeln

Schweizerdeutsch	Hochdeutsch
z Fuess	zu Fuss
gmüetlich	gemütlich
schomol	schon einmal
Uswahl	Auswahl
Gschäfter und Buechläde	Geschäfte und Buchläden
verbi chunnt	vorbei kommt
s Wahrzeiche	das Wahrzeichen
natürli	natürlich
dörtige	dortigen
genials	geniales
ufe Rhy	auf den Rhein
Sunne tanke	Sonne tanken
em vo de viele	einem von den vielen
Kaffi	Kaffee
Tüüfel	Teufel
berechtigti Froog	berechtigte Frage
bekannti	bekannte
s früsch renovierte	das frisch renovierte
moderni	moderne
Ussteller	Aussteller
ahlocke	anlocken
gäbs	gebe es
dim Gschmack	deinem Geschmack
Tierli	Tiere
dört diheime	dort zuhause
Bsuech	Besuch
in dere Zit	in dieser Zeit
verwile	verweilen
drey scheenscht Dääg	Baseldeutsch für: die drei schönsten Tage
Morgestraich	Morgenstreich
Herbschtmäss	Herbstmesse
Wienachtsmärt	Weihnachtsmarkt
villicht	vielleicht
jöhrlich	jährlich
Gäscht	Gäste

Jetzt bist du dran

1. Wie heissen die zwei Wahrzeichen von Basel?

Antwort: _____

2. Basel ist verrückt wie keine andere Stadt nach einem Sport. Welchem und wo spielt der Verein zu Hause?

Antwort: _____

3. Wieso wird Basel als Kulturhauptstadt der Schweiz bezeichnet?

Antwort: _____

4. Übersetze die folgenden Sätze sinngemäss ins Hochdeutsche:

„Anderi kenne Basel villicht wege de bekannte Events am Mässeplatz, wo d Art Basel oder Baselworld stattfindet."

_____

„Dört chunnt me denne zum Märtplatz, wo s einte Wahrzeiche vo dr Stadt stoht – s Rothuus us rotem Sandstei."

_____

„E berechtigti Froog wo sich stellt isch, wieso isch Basel d Kulturhauptstadt?"

_____

5. Was wird im Artikel vorgeschlagen, wie man die Stadt Basel an einem gemütlichen, warmen Nachmittag am besten erkundet?

Antwort: _____

Tag 24: Bern: Die Hauptstadt der Schweiz

Heute möchten wir auf eine der wichtigsten Städte der Schweiz eingehen, Bern. Mit knapp 140 000 Einwohnern ist Bern eine Grossstadt und zählt neben Städten wie Zürich, Basel und Genf zu den grössten der Schweiz. Desweitern gilt sie offiziell als die Hauptstadt, wobei die Bezeichnung Hauptstadt in der Schweiz umstritten ist.

Bärn hutnoch erläbe

In dr Stadt Bärn oder au in de Regione rundum gits einiges z erläbe. Me cha zwar sage, dass Bärn e Kulturstadt isch, aber uf dr andere Site gits sehr vieli sportlichi Betätigungsmöglichkeite. Schlittle und Schii fahre im Winter, mitem Mountainbike go fahre im Summer sind nur wenigi vo vielne Möglichkeite. D Altstadt vo Bern isch es UNESCO Weltärbi. Die ältischte Gebäude dört stöhnd scho sit 1191, zu Gründig vo Bärn. Im Tierparkt Dählhölzli findisch dr integrierti Bärepark. Dört chasch dr Namensvetter vo Bern – also dr Bär – go bestune. Da Bern d Hauptstadt vo dr Schwiiz isch, findisch do natürli au dr Regierigs- und Parlamentsitz und zwar im Bundeshuus. Dä Gebäudekomplex stoht unter Denkmalschutz und ghört zu de wichtigschte und populärschte vo dr Schwiiz. Vorne dra findisch dr Bundesplatz, wos e Wasserschauspiel z bewundere git.

Natürli gits in dr Stadt au vieli Restaurants, Kinos, Theater, Bars, Clubs, Museums, also alles was s Herz begehrt. Wenn du spezielli Kulturtermin suechsch, luegsch am Beschte in d Bärner Kultur Agenda – die findisch im Netz. Dört hesch alli wichtige Termin zämegfasst.

Wieso nach Bärn?

Vieli Gründ sind jo obe scho erwähnt worde, aber das me vom Dezember bis zum Februar cha Schlittschueh fahre ufem Bundesplatz oder das es im Früehlig no d Museumsnacht git, wo alli Museums z Nacht ofe hend, isch natürli none extra Grund mehr.

Dr erschti Auguscht, dr Nationalfiirtig vo dr Schwiiz wird in dr Hauptstadt natürli extra gebührend gfiirt. Vonere grosse Feschtwirtschaft zu offene Türe im Bundeshuus über Füehrige im Münschter und natürli es grosses Füürwerk ufem Gurte isch alles am Start.

Dr Grand Prix vo Bärn isch e Laufsport Ahlass, wo Tuusigi Läufer symbolisch die 10 schönschte Meile laufe düent. Wenn de di für de Ahlass interessiersch, er isch im Mai das Johr. E Märt wos scho sit em Mittelalter git isch dr Zwibelmärit. Er findet immer am 4. Mäntig im November statt und im Mittelpunkt stoht natürli Zwible, verpackt in Kunscht und Kultur. Allerdings gits au Schmuck, Keramik, Spielzüg und Texschtilie. Scho ab em 4i am Morge, offiziell aber ab de 6i chame am Märt go poschte.

Bärndütsch

S Bärndütsche isch nit unbedingt dr eifachschti Dialekt vo dr Schwiiz. Sie hend sehr vieli eigeni Begriff, so sind „d Giele" zum Bispiel d Buebe oder „was weit er esse?" bedütet soviel wie, „was wollen sie essen?" Wenn du besser über dr Bärner Dialekt bscheid wüsse willsch, gohsch am beschte uf www.schweizerdeutsch-lernen.ch.

Vokabeln

Schweizerdeutsch	Hochdeutsch
Bärn	Bern
hutnoch	hautnah

erläbe	erleben
gits	gibt es
me cha	man kann
uf dr andere Site	auf der anderen Seite
Schii	Ski
wenigi vo vielne	wenige von vielen
Mögligkeite	Möglichkeiten
Weltärbi	Welterbe
stöhnd	stehen
integrierti	intergrierte
bestunne	bestaunen
natürli	natürlich
populärschte	populärsten
wos	wo es
suechsch	suchst
zämefasst	zusammengefasst
vieli Gründ	viele Gründe
none	noch ein
dr erschti Auguscht	der erste August
vonere	von einer
Füürwerk	Feuerwerk
Ahlass	Anlass
Tuusigi	Tausende
Zwibelmärit	Zwiebelmarkt
Märt	Markt
Kunscht	Kunst
Spielzügs	Spielzeuge
Texschtilie	Textilien
poschte	einkaufen
dr eifachschti Dialekt	der einfachste Dialekt
Giele	Jungs

Jetzt bist du dran

1. Was ist das wichtigste Gebäude von Bern und wieso?

Antwort: _____

2. Welches Tier ist der Namensvetter von der Stadt Bern?

Antwort: _____

3. Wie heisst ein aus dem Mittelalter stammender Markt, der noch heute zelebriert wird und was kann man dort kaufen?

Antwort: _____

4. Wo findest du Auskunft über alle Berner Veranstaltungstermine?

Antwort: _____

5. Übersetze folgende Sätze sinngemäss ins Hochdeutsche:

„Dr Grand Prix vo Bärn isch e Laufsport Ahlass, wo Tuusigi Läufer symbolisch die 10 schönschte Meile laufe düent."

_____

„S Bärndütsche isch nit unbedingt dr eifachschti Dialekt vo dr Schwiiz."

_____

„Me cha zwar sage, dass Bärn e Kulturstadt isch, aber uf dr andere Site gits sehr vieli sportlichi Betätigungsmöglichkeite."

_____

Tag 25: Luzern: Tourismusmagnet der Schweiz

Luzern, die Hauptstadt des gleichnamigen Kantons in der Zentralschweiz ist international sehr bekannt und ein Touristenmagnet. Sie liegt sehr malerisch am Ufer des Vierwaldstätter Sees am Zufluss der Reuss, einem Fluss, der die Stadt teilt. Als die vierte und letzte Stadt, die einen Platz in diesem Buch gefunden hat, möchten wir dir einen genaueren Einblick geben.

D Lag vo Luzärn

Mit circa 80 000 Iwohner und eme Usländerahteil vo 25 % isch d Stadt Luzärn eini vo de internationalschte Städt. In Luzärn mische sich Tradition und Moderni uf e ihdrücklichi Art und Wis. D Umgebig und die zentrali Lag vo Luzärn mache si zumene ideale Usgangspunkt für Usflüg in die ganzi Schwiiz. Drum zieht Luzärn au vieli Touristche us aller Welt ah. Die beide Berge Pilatus und dr Rigi biete Zahnradbahne, geniali Usblick und e Panorama Luftseilbahn.

Im Winter chame Schii fahre und im Summer wunderbar wandere, bike oder chlättere. Dr Titlis mitem höchschtglegene Gletscher isch genauso guet erreichbar wie dr Gotthard.

Was chame mache?

S bekanntischte Wahrzeichä vo dr Stadt isch die 200 Meter langi Kapellbrugg über d Reuss. Si isch die ältischti no erhalteni Brugg vo Europa usem 15. Johrhundert und die grosse Bildtafele zeige d Gschicht vo dr Schwiiz und dr Stadt. Nebedra stoht direkt dr Wasserturm, de isch bi de klassische Föteli natürli au immer druf. Er het vieli verschiedeni Funktione kha, z.B. als Stadtarchiv, Gfängnis, Folterstätti oder Tresor.

In dr Altstadt findet me am Ufer vo dr Reuss d Jesuitäkirchä, en wunderschöne Barockbau. In dr Stadtmitti findet me no d Franziskanerkirche Sankt Maria, die isch sogar no älter. Und nebe de diverse andere schöne Baute findet me au no e Stück vo dr alte Stadtmuure. Do chöme also d Historiker uf ihri Choschte.

S Denkmal vom stärbende Leu isch e ganz spezielli Sach. Es isch in e grosse Felse ihgschlage und das zur Ehre vom ermordete Schwiizer Gardischt 1792, wo em König Ludwig XVI dient het. Wer e chli mehr in richtig Kultur interessiert isch, goht ins naturhistorische oder s Richard Wagner Museum.

Möchtisch doch lieber seh wie sich d Schwiizer Lokis , Flugzüg oder Autis entwickelt hend? Denne gohsch ins Verkehrsmuseum.

Gniesse und konsumiere

Luzärn isch au für Touristche, wo gern shoppe es Paradies und dr Hunger cha denne au grad no befriedigt werde. Es het zahlrichi Chleiderläde, Juveliers-, Souvenir- oder Spezialitätegschäft. So chame dr Familie us de Ferie es paar Tafele feinschti Schwiizer Schoggi mitbringe. Dr Wucheendmärt, wo s z Luzern git, gilt au als eine vo de schönschte vo dr ganze Schwiiz.

Nachem Shoppe chunnt natürli d Verpflegig glege. Do gönnsch dir am Beschte irgend e Schwiizer Spezialität, wie z.B. Älpler Magrone, Vogelheu oder Chäässchnitte. Was das genau isch, findisch am beschte bim neggschte Bsuech selber use.

Vokabeln

Schweizerdeutsch	Hochdeutsch
d Lag	die Lage
Iwohner	Einwohner
eme Usländerahteil	einem Ausländeranteil
Luzärn	Luzern
ihdrücklichi Art und Wis	eindrückliche Art und Weise
d Umgebig	die Umgebung
Usgangspunkt	Ausgangspunkt
geniali Usblick	geniale Ausblicke
chame	man kann
Schii	Ski
chlättere	klettern
s bekanntischte Wahrzeichä	das bekannteste Wahrzeichen
no erhalteni	noch erhaltene
Johrhundert	Jahrhundert
Gschicht	Geschichte
Gfängnis	Gefängnisse
Folterstätti	Folterstätte
Stadtmuure	Stadtmauer
uf ihri Choschte	auf ihre Kosten
stärbende Leu	sterbender Löwe
ihgschlagene	eingeschlagenen
möchtisch	möchtest du
Lokis	Lokomotiven
Flugzüg	Flugzeuge
Autis	Autos
Tourischte	Touristen
zahlrichi Chleiderläde	zahlreiche Kleiderläden
Wucheendmärt	Wochenendmarkt
Verpflegig	Verpflegung
neggschte Bsuech	nächsten Besuch

Jetzt bist du dran

1. Was macht Luzern für Touristen, die in die Schweiz kommen, so interessant?

Antwort: _____

2. Wieso wurde das Denkmal vom sterbenden Löwen gebaut?

Antwort: _____

3. Was ist das bekannteste Wahrzeichen der Stadt Luzern?

Antwort: _____

4. Was kann man im Schweizer Verkehrsmuseum sehen?

Antwort: _____

5. Übersetze die folgenden Sätze sinngemäss ins Hochdeutsche:

„In dr Altstadt findet me am Ufer vo dr Reuss d Jesuitäkirchä, en wunderschöne Barockbau."

_____

„Was das genau isch, findisch am beschte bim neggschte Bsuech selber use."

_____

„Dr Titlis mitem höchschtglegene Gletscher isch genauso guet erreichbar wie dr Gotthard."

_____

Sport in der Schweiz

Tag 26: Schweizer Sportarten

Bist du sportinteressiert, wartest du sicher schon lange auf diese Lektion. Doch auch wenn dich das Thema weniger interessiert, kannst du hier wichtige und interessante Einblicke gewinnen. Denn den Anfang machen direkt die Sportarten, die in der Schweiz erfunden wurden und eine lange Tradition haben. Dazu zählt das Hornussen, das Schwingen und das Unspunnenstein-Stossen.

S Hornusse

S Hornusse isch e Schwiizer Sportart, welchi vo de Regle und vom Spielstil am ehschte mit em Baseball vergliche werde cha. Es existiere ca. 150 Gsellschafte, wobi knapp über hundert im Kanton Bärn ahgsiedlet sind. Uf internationaler Ebene sehts eher düschter us, in Dütschland gits no 2 Gsellschafte und in Südafrika wird dr Sport au no praktiziert. Dört nenne si Hornusse liebevoll „Swiss Golf".

Es isch es Spiel zwüsche zwei Mannschafte. Die einti schloht e Nouss[1] so wit wie möglig ins gegnerische Feld und dört probiert die anderi Mannschaft mithilf vo Schindel[2] dr Nouss z stoppe bevor er uf em Bode ahchunnt. Es isch also en Mannschaftsport, wobi au d Einzelleischtig teilwis gwertet wird, sprich wie wit me dr Nouss ins Feld het chönne schiesse.

Als grösschts Hornusse Fescht gilt s Eidgenössische, wie in vielne andere Schwiizer Traditione.

S Schwinge

S Schwinge isch dr Schwiizer Nationalsport Nummer eins. Es handelt sich dodrbi um e Art vom Ringe uf eme Sägmählkreis. Me nennt dr Sport au liebevoll dr Hoselupf. S Schwinge het e langi Tradition als klassische Feschttagsbruch hinter sich. Früehner het me bi Feschter oft gschwunge und dodrbi het nit dr Pris dr höchscht Wärt kha, sondern schlichtweg dr Ruhm und d Ehri.

Bim Schwinge stöhnd sich zwei Kontrahänta gegeüber. Beidi hend e us Zwilch[3] verarbeiteti, kurzi Hose ah. Dört dra griffe sie sich gegesittig mit beidne Händ. Jetzt gohts drum dr Gegner miteme Schwung ins Sägmähl z werfe oder z drucke. Dodrbi gwünnt me, wenn beidi Schulterblätter am Bode sind oder mind. 2/3 vom Rücke.

Es git verschiedeni Schwüng und das sind eigentli eifach verschiedeni Technike. Sie hend au sehr cooli Name wie z.B. Wyberhaagge, Brienzer oder dr Buur. Lueg dr doch mol im Internet die verschiedene Schwüng ah.

S Schwinge isch immerno e klassische Männersport, obwohls mittlerwile au Fraue git, wos mache. Klassischerwis sind die bessere Schwinger in bstimmte Bruefsgruppe unterwegs, wo scho viel Körperkraft vorussetze, z.B. Metzger, Käser oder Muurer. S wichtigschte Schwingfescht isch s Eidgenössische Schwing- und Älperfescht, welles alli 3 Johr stattfindet. Dört wird dr Schwingerkönig bestumme und de gwünnt en Muni.

S Unspunnestein-Stossen

Bim Unspunnesteistosse, dr dritte und letzschte Schwiizer Sportart dreiht sich alles um dr Unspunnestei. Er isch 83,5 kg schwer und wird bi de Feschter z.B. in Interlake gstosse. Dodrbi nemme d Wettkämpfer Ahlauf und schiessenen so wit wie mögli, dr momentani Rekord liegt bi 4,11 Meter.

Dr Unspunnestei isch bekannt worde will er in letzschter Zit zwei mol gstohle worde isch. S erschte mol het me en wiedergfunde, bim zweite Mol woner 2 Wuche vorem Unspunnesteistosse entwendet worde isch, isch am Tatort nur e Pflaschterstei mitem Jura Kantonswappe zruggblibe. Das isch en gschichtliche Kampf zwüsche de Jurassier und de Bärner. Allerdings wird bi de Feschter sit längerer Zit sowieso es Duplikat verwendet und nüm s Original.

Begrifferklärung

[1]Nouss/Hornuss: Eine heutzutage aus Kunststoff gefertigte Scheibe, die beim Hornussen ins gegnerische Feld geschlagen wird. Früher wurde die Scheibe aus Holz oder Horn gefertigt. Dies ist heute nicht mehr zugelassen, da für jede Scheibe die gleichen Normen gelten

[2]Schindel: Dies ist eine Abfangschaufel aus Holz oder Kunststoff. Sie wird beim Sport Hornussen dazu verwendet, den Nouss abzufangen, bevor er den Boden erreicht.

[3]Zwilch: Auch genannt Drillich ist ein besonders reißfestes und strapazierfähiges Gewebekonstruktion aus Baumwolle, Leinen oder Chemiefasern.

Vokabeln

Schweizerdeutsch	Hochdeutsch
ehschte	ehesten
Gsellschafte	Gesellschaften
ahgsiedelt sind	angesiedelt sind
sehts düschter us	sieht es düster aus
Dütschland	Deutschland
no	noch
zwüsche	zwischen
die einti	die eine
möglig	möglich
wobi	wobei
wie wit me	wie weit man
Fescht	Fest
dodrbi	dabei
Sägmähl	Sägemehl
dr höchscht Wärt	den höchsten Wert
Ehri	Ehre
Kontrahäntä	Kontrahenten
gegesittig	gegenseitig
eifach	einfach
dr Buur	der Bauer
obwohls mittlerwile	obwohl es mittlerweile
vorussetze	voraussetzen
Muurer	Maurer
en Muni	einen Ochsen
Ahlauf	Anlauf
gstohle	gestohlen
zruggbliebe	zurückgeblieben

Jetzt bist du dran

1. Wie heissen die drei klassischen Sportarten mit Ursprung in der Schweiz?

Antwort: _____

2. Bei welcher Sportart kommen ganz spezielle Hosen zum Einsatz und was macht sie speziell?

Antwort: _____

3. Wie wurde der Unspunnenstein bekannt?

Antwort: _____

4. Übersetze die folgenden zwei Sätze sinngemäss ins Hochdeutsche:

„Jetzt gohts drum dr Gegner miteme Schwung ins Sägmähl z werfe oder z drucke."

_____

„S Schwinge isch immerno e klassische Männersport, obwohls mittlerwile au Fraue git, wos mache."

_____

5. Übersetze folgende Wörter ins Schweizerdeutsche:

- Mannschaften   = _____
- Anlauf   = _____
- Das Fest   = _____
- Kantonswappen = _____
- Wochen   = _____

Tag 27: Winterziel Schweiz

Der Winter und die Schweiz, das passt zusammen. Ein entsprechend grosser Teil unseres Tourismus lebt vom Schnee und der kalten Jahreszeit. Schauen wir rein in die Winterlandschaft der Schweiz.

D Klassiker

Wenn me an d Schwiiz denkt, isch sicher eins vo de erscht gnannte Pünkt s Schii fahre, bzw. Bärge oder Alpe. Und das nit umsuscht. Dr Schwiizer Tourismus isch sehr stark in de Wintermonet vertrete und het sich do en Name gmacht. Bi strahlend blauem Himmel und genialem Usblick e Pischte abe z snöbe oder halt mit zwei Brätter abe z bloche isch e wunderschöni Sach. Wers in junge Johre scho glernt het, wird sicher immer wieder in d Bärge zrugg cho, um de schöni Sport witter uszüebe.

Durch die Gegebeheite in dr Schwiiz wachse natürli au Sportler uf, wo weltwit ganz vorne mitspiele. So ghört d Schwiiz jöhrlich immer wieder zu de Favorite in de klassische Schii- und Snowboarddiszipline, sowohl bi de Männer als au bi de Fraue. Dr Name Simon Amann isch villicht au no vielne e Begriff. Er het in de letzschte Johre mit mehrere Olympia-Medallie s Schiispringe oder me muess es fascht scho fliege nenne, populär gmacht.

D Exote

Doch nebe em klassische Schii und Snowboard fahre gits no vieli witteri Sportarte, wo me im Winter in dr Schwiiz cha usüebe. Die bekanntere sind villicht no Biathlon bzw. natürli Langlaufe. Do het jedes grössere Schiigebiet sini eigene Läupe, wo me sich cha go verusgobe.

Denne git verschiedeni Unterdiszipline wie z.B. Schiicross, Toureschii fahre oder Halfpipe. Bi letzschterem springt me inere U-förmige Pische immer wieder und macht verschiedeni Tricks. Bim TourSchii fahre, wandert me zerscht ufe Berg ufe, an Stelle wome suscht nit würd ahnecho, und gniesst die jungfräuliche Pischtene.

Wandere isch e guets Stichwort. Sowohl s Schneeschuehwandere als au s normale Wandere isch au im Winter möglich und die wisse Bärge und d Landschaft het denne e bsundere Charme. Und was gits tölers als nach somene Tag z Obe innere Bärghütte no e guets Fondue z gniesse.

E witteri Disziplin wome no erwähne sött isch s lischlättere, schlittle oder s Bob fahre. Alles au sehr cooli Sache. Die Lischte loht sich sicher no beliebig erwittere, aber das muesch du am beschte selber entdecke.

Wenn de jetzt denksch, dass mit lishockey e wichtige Punkt vo dr Schwiiz in dem Kapitel fehlt, denne hesch du recht, aber i cha die beruhige. Drzue gits e eigeni Lektion.

Schiigebiet

Es git in dr Schwiiz zig Schiigebiet und do jetzt e Lischte z mache wär unmögli, trotzdem dörf me doch emol zwei Schiigebiet kurz erwähne, um di es bizzeli gluschtig z mache.

Wenn me dr Wintertourismus in dr Schwiiz ahluegt, chunnt me um ei Destination sicher nit drum ume. S Zermatt. Mit 257 Pischtekilometer zelts zu de gröschte in dr Schwiiz und natürli au zu de schönschte. Mitem Matterhorn und de Alpe het me e unglaublichs Panorama. Vom chline Matterhorn chame e 15km langi Pischte bis nach Zermatt abe fahre und dr Blick uf die Schwiizerische und Französische Alpe gniesse. Z erwähne isch au no d Gornergradbahn, die ältischti elektrischi Gebirgs-Zahnradstreckebahn vo dr Schwiiz. Vo dört obe het me denne e Blick uf dr Gornergletscher und s Monte Rosa Massiv. Dank de Gletscher chame sogar im Summer es biz go Schii fahre, aber natürli isches im Winter viel schöner. Natürli hets au Langlaufläupe und diversi anderi Ahgebot im Winter. I cha do no so viel verzelle, du muesch es erlebt ha.

Als zweiti Deschtination hemmer eus für Engelberg entschide. Neben normale Tourismus isch die Region au sehr beliebt für Tiefschnee- Tourefahrer. S bietet hervorragendi bedingige, vorusgsetzt me haltet sich an d Regle und d Warnige. Jedes Johr chöme viel Lüt ums Lebe, will si Wätter und Lawinewarnige ignoriere oder die eigene Fahrfähigkeite überschätze.

De Punkt bringt uns au grad zu de Problem vom Schwiizer Schiitourismus.

Problem vo de Winterdeschtinatione

D Unfäll zelle eigentli gar nit wirkli zu de Problem. Klar passiere recht viel bim Wintersport und ja sie wäre z verhindere, aber das liegt an jedem einzelne vo eus. D Schwiiz het sich aber für Unfäll guet gwappnet, mit dr Rega oder de suschtige Rettigskräft, wo sich mit de erschwerte Bedingige in de Bärge uskenne.

S Problem liegt eher im zunähmende Klimawandel. Dr Schnee chunnt scho lang nüm so wit abe wie in früehnere Johre. So wird die natürlichi Wintersaison immer kürzer. Au im Summer schmelze Gletscher mehr als si im Winter wachse chöne und werde somit immer chleiner.

Nochgholfe wird denne oftmols mit Schneekanone, wo d Pischte künschtlich erzüge, um de Tourischte öpis z biete. Dr Betrieb vo denne isch aber zimlig tüür und do isch s neggschte Problem. Durch dr starki Franke sind Ferie in dr Schwiiz brutal tüür und das muess sich e Familie erscht mol leischte chönne, da mit Ahfahrt, Hotel, Skimieti, Skiliftabo etc. doch einiges zämmechunnt.

Trotzdem, mir werde das schaffe und es git nüt schöners als s Ski fahre im Winter.

Vokabeln

Schweizerdeutsch	Hochdeutsch
erscht gnannte Pünkt	erst genannten Punkte
Schii fahre	Ski fahren
Bärge	Berge
nit umsusch	nicht umsonst
Wintermonet	Wintermonate
Usblick	Ausblick
Pischte	Piste
abe z snöbe	runter zu snowboarden
abe z bloche	runter zu rasen
witter uszüebe	weiter auszuüben
Gegebeheite	Gegebenheiten
villicht	vielleicht
me muess	man muss
vieli witteri Sportarte	viele weitere Sportarten
Läupe	Loipe (Langlauf z.B.)
verusgobe	verausgaben

letzschterem	letzterem
Bärghütte	Berghütte
sött	sollte
lischlättere	Eisklettern
lishockey	Eishockey
Lischte	Liste
zelts	zählt es
ältischti, elektrischi	älteste, elektrische
diversi anderi	diverse andere
vorusgsetzt	vorausgesetzt
Lawinewarnige	Lawinenwarnungen
zelle eigentli	zählen eigentlich
gwappnet	gewappnet
suschtige Rettigskräft	sonstige Rettungskräfte
früehnere Johre	früheren Jahren
denne oftmols	dann oftmals
leischte chönne	leisten können

Jetzt bist du dran

1. Was sind die drei Probleme, mit denen die Skigebiete kämpfen?

(1) _____

(2) _____

(3) _____

2. Nenne 5 Wintersportarten auf Schweizerdeutsch.

(1) _____

(2) _____

(3) _____

(4) _____

(5) _____

3. Übersetze folgenden Satz sinngemäss ins Hochdeutsche:

„Durch d Gegebeheite in dr Schwiiz wachse natürli au Sportler uf, wo weltwit ganz vorne mitspiele"

Antwort: _____

4. Welche Bahn macht das Zermatt noch ganz besonders und wieso?

Antwort: _____

5. Konjugiere das Verb „können" auf Schweizerdeutsch:

I	*cha*	Mir	_____
Du	_____	Ihr	_____
Er/Sie	_____	Sie	_____

Tag 28: Eishockey: Unser Nationalsport?

In dieser Lektion schauen wir auf den Sport Eishockey, welcher sich in der Schweiz sehr hoher Beliebtheit erfreut. Einige sprechen hier sogar vom Nationalsport, das ist der Grund, wieso er vor dem Fussball behandelt wird. Bist du Fussballfan? Keine Sorge, du kommst morgen auf deine Kosten.

Euse Nationalsport?

Bi Iishockey stellt sich in dr Schwiiz die beliebti Frog, was isch euse Nationalsport, euse Sport womer wirkli am Beschte vertrete sind. Drfür muess me sage, dass das sehr Städteabhängig isch, wie zum Bispiel z Basel wos nüt anders git als dr FCB und jedes Wucheend ca. 30 tuusig Lüt ins Stadion göhnd. Aber ansuschte muess me eigentli scho sage, dass Iishockey besser vertrete isch. Dr Zueschauerschnitt vo dr oberschte Liga isch höcher als de vo dr Super League und au d Medie werde vor allem im Winter stark vom Iishockey dominiert.

Was au no z erwähne isch, isch das d Weschtschwiiz sehr stark vertrete isch mit Vereine wie Lausanne, Servette, Biel oder Fribourg. Hingege in dr Fuessball-Liga sind si meischtens höchstens Mittelklass in de letzschte Johre. Züri selber het mit 3 Topverein es Luxusproblem. Do wär dr FCZ und GCZ, wo im Fuessball vorne mitspiele und dr ZSC Lions, wo im Iishockey zu dr Spitze ghört. So verteile sich denne halt au Zueschauer uf die 3 Mannschafte.

Iishockey

Iishockey isch en Mannschaftssport mit 5 Feldspieler und eim Goalie. Sie spiele ufere Iisflächi mit Schläger und Schlittschueh. S Ziel isch dr Puck[1] ins gegnerische Goal z befördere, das in dr Regle innerhalb vo 3x20 Minute.

Dr Sport isch am beliebtischte in nordische Länder, wome halt früeher au scho klimatisch bedingt öfters het chöne spiele. Do zelle zum Bispiel Kanada, Russland, d USA, Tschechie, Slowakei, d Schwiiz und skandinavischi Länder drzue. Dr Rekordweltmeischter isch denne dementsprechend au Russland gfolgt vo Kanada. D Schwiiz isch 2 mol ufem zweite Platz glande. Bi Olympia sehts ähnlich us, wo Kanada Rekordsieger isch.

In dr Schwiiz findet hingege s bekanntischte und prestigeträchtigschte Klubtunier statt und zwar dr Spengler Cup in Davos. Das isch für vieli Iishockeyfans sicher eins vo de grosse Highlights vom Johr.

Ufbau vo dr Liga

In dr Schwiiz sind die beide höchschte Ligene d Nationalliga A und B, abkürzt also NLA und NLB. D NLA het 12 Mannschaft und gilt mit im Durchschnitt cirka 6500 Zueschauer pro Spiel als die meischtbsuechti Iishockeyliga vo Europa. D Vereine spiele zerscht e langi Qualifikation, wo sie Tabelleplätz unter sich usmache. Am Endi vo dr Saison chöme die beschte 8 denne in d Playoffs, wo dr Schwiizer Meischter bestumme wird.

Die letzschte 4 mache unter sich 2 Abstiger us, wo denne in d NLB gheihe. Im Johr 2015 isch dr Meischter dr HC Davos gsi, übrigens dr Rekordmeischter vo dr Schwiiz mit 31 Titel. 2016 sinds denne Bärner worde, wo nach Davos mit 14 Titel am meischte ufem Konto hend.

Begriffserklärung

¹Puck: Der Puck ist der „Spielball". Er besteht aus Hartgummi, der zu einer Scheibe geformt ist und muss wie bei anderen Ballsportarten auch in das gegnerische Tor befördert werden.

Vokabeln

Schweizerdeutsch	Hochdeutsch
Iishockey	Eishockey
beliebti Frog	beliebte Frage
euse	unserer
wirkli	wirklich
wos nüt	wo es nichts
Wucheend	Wochenende
göhnd	gehen
ansuschte	ansonsten
Weschtschwiiz	Westschweiz
Zueschauer	Zuschauer
Iisflächi	Eisfläche
Schlittschueh	Schlittschuhe
do zelle	da zählen
zum Bispiel	zum Beispiel
glande	klassiert
bekanntischti	bekannteste
prestigeträchtischte	prestigeträchtigsten
höchschte Ligene	höchsten Liga
zerscht e langi	zuerst eine lange
gheihe	fallen
am meischte	am meisten

Jetzt bist du dran

1. Welcher Verein ist Rekordmeister in der NLA?

Antwort: _____

2. Wo ist laut dem Text der Zuschauerschnitt höher, in der Schweizer Fussball Liga oder der Schweizer Eishockey Liga?

Antwort: _____

3. Welche Stadt hat ein Luxusproblem und aus was setzt es sich zusammen?

Antwort: _____

4. Übersetze folgende Sätze sinngemäss ins Hochdeutsche:

„D Schwiiz isch 2 mol ufem zweite Platz glande."

_____

„Aber ansuschte muess me eigentli scho sage, dass Iishockey besser vertrete isch."

_____

5. Wie heisst das prestigeträchtigste Klubturnier im Eishockey und wo findet es jährlich statt?

Antwort: _____

Tag 29: Schweizer Fussball

Jetzt ist es soweit, der zweitletzte Tag ist hier und wir behandeln das Thema Fussball. In einem Land, das von Eishockey stark geprägt ist, hat es der Fussball nicht ganz leicht und trotzdem entstand eine beachtliche Szene.

Wie steht es um den Schweizer Fussball

Wenn me momentan uf dr Schwiizer Fuessball luegt, seht me vorallem öppis. Dr Verein FC Basel zieht vorne allne eweg und das konstant über die letzschte Johre. S letzscht mol wo me d Meischterschaft verlore het, isch im Johr 2006 gsi in dr Finalissima gege Züri. Sit denne isch Meischter wäre nur no s Pflichtprogramm und me het unter verschiedene Trainer international chöne für Ufregig sorge. So hend d Basler reihewis änglischi Verein us de Turnier usegheit und sich drmit e grosse Name gmacht. Das het natürli denne au Uswirkige uf Basel als Stadt. Kei Sport dominiert do mehr, im Gegeteil, dr Iishockey Verein isch letschti ihgstampft worde.

Die Kokurrenz

Und was chunnt hinter Basel? Do gits d Grasshoppers us Züri und dr FC Züri, wo abwechsligswis immer wieder mol vorne mitspiele. Hingege isch dr FC Züri in dr Saison 15/16 sogar in die 2. Liga abgstiege. Das hend d Erzrivale us Basel natürli uskoschtend gfiirt. D Grasshoppers hingege sind dr Rekordmeischter us dr Schwiiz, do chunnt au Basel in de neggschte paar Johr nonig dra ahne.

D Young Boys us dr Hauptstadt Bärn kämpfe mitere lange Erfolgslosigkeit. Dr letzschti Titel isch vieli Johre her und s Management verspricht jedes Johr ufs neue, endli wieder e Titel z hole, muess aber oftmols die Zielsetzig im Winter schowieder korrigiere, wills wieder nit klappt het. Trotzdem chame sage, dass YB hinter Basel dr konschtantischti Verein in dr Schwiiz isch, si spiele immer wieder vorne mit.

Us dr Weschtschwiiz kämpfe au immer wieder Vereine in dr Super League mit, aber weder Lausanne, Xamax no Servette het in de letzschte Johre wirkli Erfolg kha. Was no luschtig isch, isch das mitem FC Vaduz e Verein us Liechtestei in dr Schwiizer Liga mitspielt. S Land Liechtestei isch so chli, dass sich dört die heimischi Liga chum cha lohne. Allerdings gits e Cup, aber de ghört eigentli scho immer uf sicher de Vaduzer.

Ligaaufbau und Nationalmannschaft

Sowohl in dr Super League als au in dr Challenge League spiele jewils nur 10 Verein. Me het mol übere Ufstockig gredet, allerdings würd das s Niveau Gfäll zu gross mache. Im Gegeteil, d Challenge League isch in de letzschte Johre sogar vo 18 uf 10 Verein verchleinert worde.

Und denne wär do no d Schwiizer Nati. Mittlerwile spiele so viel grossi Talent wie no nie us dr Schwiiz in internationale Ligene. Ob das e Shaqiri, Rodriguez, Xhaka oder Embolo isch, es sind eidütig grossi Talent. In de letzschte Johre het me das Talent au vermehrt uf e Platz brocht, do wird allerdings die zuekünftigi Entwicklig no sehr viel spannender.

Trotzdem kämpft d Schwiizer Nati mit de eigene Fans es bizzeli. Es werde Stimme lut wo e Integrationsproblem ahspreche, da vieli Natistars Doppelbürger sind und es gar keini richtige Schwiizer me drbi heigi. Do seht me wiedermol typisch Schwiiz, anstatt dr Fuessball z gniesse, hemmer doch wieder öppis zum motze.

Vokabeln

Schweizerdeutsch	Hochdeutsch
allne eweg zieh	allen davon ziehen
ufregig	Aufregung
usegheit	rausgeworfen
Ihgstampf	eingestampft
Abwechsligswis	abwechslungsweise
gfiirt	gefeiert
dr konschtantischti	der konstanteste
Ufstockig	Aufstockung
s Gfäll	das Gefälle
es bizzeli	ein wenig

Jetzt bist du dran

1. Beschrifte bei folgendem Bild die gewünschten Gegenstände auf Schweizerdeutsch.

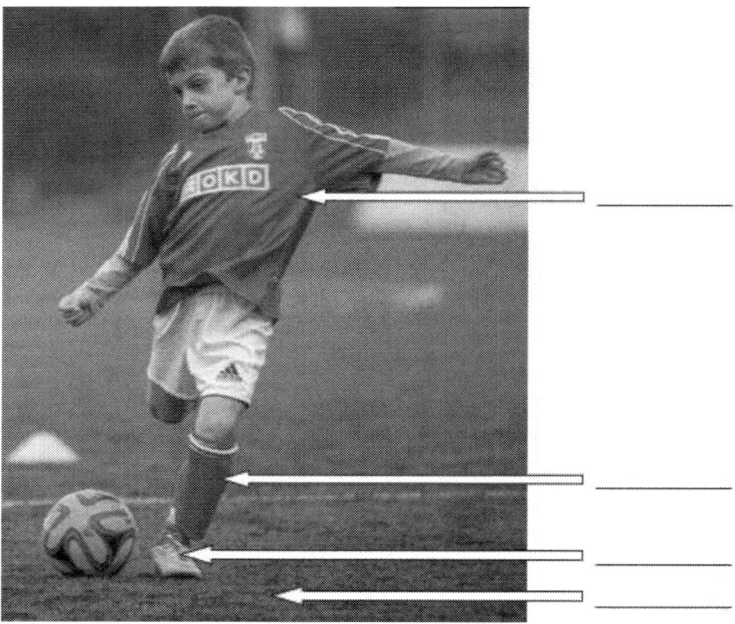

2. Im Bild sehen wir noch den Fussball. Im normalen Schweizerdeutsch ist dies auch einfach „dr Ball". Die Berner haben aber einen ganz speziellen Namen für den Ball, wie lautet er?

Antwort: _____

Nachdem du den obigen Text gelesen hast, kannst du die Fragen 3-5 beantworten:

3. Wer ist der Rekordmeister in der Schweizer Liga?

Antwort: _____

4. Welcher Klub konnte sich in den letzten Jahren auch international einen Namen machen?

Antwort: _____

5. Welcher Klub aus einem anderen Land spielt in der Schweiz und wieso?

Antwort: _____

Tag 30: Schweizer Tennis

Dies ist die letzte Lektion in unserem Buch und vielleicht fragt sich der ein oder andere, wieso Tennis im Buch „Schweizerdeutsch in 30 Tagen" ein eigenes Kapitel kriegt. Der Grund ist ein Mann, der die letzten Jahre das Tennis wie kaum ein anderer prägte.

Euse Star

Keine het s Schwiizer Tennis so prägt wie er und au im internationale Verglich isch er eine vo de Legändä, wo für immer in Erinnerig wird bliebe. D Red cha nur si vom Roger Federer, momentan Rekord Grand-Slam Titelträger mit 18 Stück, 89 Einzeltitel und 8 witteri in Doppeltunier. Zuedem ischer vom Johr 2005-2008 jewils zum Weltsportler vom Johr gwählt worde. Me redet zu Recht vom beschte Tennisspieler aller Zite rede, Leistige hetter alli Mal gnueg brocht.

Gebore worde isch dr Federer am 8.Auguscht 1981 und im Johr 1998 hetter sine erscht Profisaison kha. 6 Johr spöter ischer s erschte mol d Nummere 1 vo dr Welt gsi. Sit denne hetter 302! Wuche ufem erschte Platz verbrocht – e wittere Rekord.

Luschtig au, dr Roger Federer isch damals us medizinische Gründ für Militärdienscht untauglich befunde worde. Vo sim viele Prisgeld duet er au sehr viel Spende und unterstützt verschiedeni Stiftige – 2006 ischer sogar zum erschte Schwiizer UNICEF Botschafter ernennt worde.

Mittlerwile isch dr Roger Federer wegere Verletzig us dr Top 5 vo dr Tennis Weltranglischte usegheit. Allerdings spielt er mit sine 35 Johr immerno uf ganz hohem Niveau mit, was keinesfalls selbschtverständlich isch. Für vieli uf dr ganze Welt isch dr Roger Federer, mittlerwile Vater, au es grosses Idol, will er nebe sim Tennis Erfolg doch immer ufem Bode bliebe isch. Und das trotz Millione Ihnahme us Prisgelder, aber vorallem au als weltwits Werbegsicht.

Es wird spannend si z luege, wie sin Weg witterfüehre wird.

Tennis in dr Schwiiz

Dank some erfolgriche Star buumt natürli die ganzi Tennisszene in dr Schwiiz. D Organisation Swiss Tennis isch dr Fachverband füre Tennissport in dr Schwiiz. Er zellt 165 000 aktivi Mitglieder. Momentan isch mitem Stan Wawrinka e zweite Schwiizer Tennisspieler ganz erfolgrich vorne mit drbi. Er isch leider immer es biz im Schatte vom Roger gstande, het allerdings 2014 d Australian Open gwunne und im gliche Johr mitem Roger zämme no dr Davis Cup[1].

Momentan die zwei erfolgrichschte Schwiizer Tennisspielerin sind d Timea Bacsinszky und Belinda Bencic. Grad d Belinda isch erscht 19 Johr alt und gilt als grosses Zuekunftalent im Schwiizer Tennis. Au do chöne mr gspannt uf die neggschte Johre si.

Kurze Überblick übers Spiel

Im Tennis spielt entweder ein gege ein oder zwei gege zwei gegenenander. Drbi hend beidi e Racket[2] und beförderе en kleine Ball, dr Tennisball, über es Netz uf die gegnerischi Spielsite. S Ziel isch dr Ball ins gegnerische Feld z bringe, aber so z schloh, dass en dr Gegner nit cha zruggspiele. Denne gits nämlich en Punkt für di. Es git vieli wichtigi Regle, die duesch am Beschte mol im Internet nochelese. Je mehr me drüber weiss, desto komplexer wird s Ganze au und es git vieli verschiedeni Taktike und Schlagtechnike.

Es loht sich sage, dass Tennis e sehr interessante Sport isch und grad für eus Schwiizer doch no en höhere Stellewert het.

Begriffserklärung

[1]**Davis Cup:** Dies ist das wichtigste Turnier für Nationalmannschaften im Herrentennis. Das Pendant dazu bei den Frauen ist der Fed-Cup.

[2]**Racket:** Das Tennisracket ist ein Schläger mit einem Griff und einer Schlagfläche. Die Schlagfläche hat gesponnene Saiten aus Nylon oder Polyester und der Rahmen besteht aus Leichtmetallen oder Glasfasern verstärktem Kunststoff.

Vokabeln

Schweizerdeutsch	Hochdeutsch
Legändä	Legende
Erinnerig	Erinnerung
d Red	die Rede
Johr	Jahre
witteri	weitere
jewils	jeweils
Zite	Zeiten
Leischtige	Leistungen
spöter	später
luschtig	lustig
Militärdienscht	Militärdienst
Stiftige	Stiftungen
Verletzig	Verletzung
Weltranglischte	Weltrangliste
usegheit	rausgefallen
selbschtverständlich	selbstverständlich
nebe sim	neben seinem
Ihname	Einnahmen
Prisgelder	Preisgelder
weltwits Werbegsicht	weltweites Werbegesicht
buumt	boomt
es biz	ein wenig
Zuekunftstalent	Zukunftstalent
gegenenander	gegeneinander
gegnerischi	gegnerische
zruggspiele	zurückspielen
nämlig	nämlich
nochelese	nachlesen
eus Schwiizer	uns Schweizern

Jetzt bist du dran

1. Wie heissen momentan (2017) unsere zwei grösster Stars im Herren- und Damentennis jeweils?

Männertennis: _____

Damentennis: _____

2. Was macht Roger Federer mit seinen vielen Preisgeldern Gutes?

Antwort: _____

3. Was ist ein lustiger Fakt bzw. Entscheid in Roger Federers Karriere?

Antwort: _____

4. Übersetze die Sätze sinngemäss ins Hochdeutsche:

„Und das trotz Millione Ihnahme us Prisgelder aber vorallem au als weltwits Werbegsicht."
_____

„Zuedem ischer vom Johr 2005-2008 jewils zum Weltsportler vom Johr gwählt worde."
_____

„Sit denne hetter 302! Wuche ufem erschte Platz verbrocht – e wittere Rekord."
_____

5. Konjungiere das Verb „spielen" auf Schweizerdeutsch:

I	*spielä*	Mir	_____
Du	_____	Ihr	_____
Er/Si	_____	Si	_____

Wie geht es weiter?

Schweizerdeutscher Videokurs

Du hast dir jetzt in 30 Tagen ein umfassendes Wissen über die Schweiz und ihre Sprache angeeignet. Der Stolz muss jetzt überwiegen und wenn du dir das Vokabular konsequent angeeignet hast, kannst du jetzt vermehrt in die Umsetzung gehen. Ein schlechtes Gewissen oder fehlendes Selbstvertrauen musst du nicht mehr haben, denn du weisst, dass du es kannst, wenn auch noch nicht perfekt.

Neben dem vermehrten Anwenden würde ich dir jetzt auch nahelegen unseren Videokurs zu absolvieren. Dort gehst du nochmals durch ähnliche, aber auch komplett andere Alltagssituationen Schritt für Schritt durch. Das coole dabei ist, dass du die Sprache nicht nur liest, sondern durch hören und aussprechen trainierst. Die Videos spielen teilweise in realen Situationen ab, wo sich Bilder und Wörter verknüpfen und dies bietet dir einen enormen Vorteil beim Lernen.

Weitere Informationen zu unserem online Videokurs mit über 30 Lernvideos findest du auf www.schweizerdeutsch-lernen.ch. Dort kannst du uns gerne im internen Chat schreiben und wir unterstützen dich bei allen Belangen rund um die Uhr.

Angebot von schweizerdeutsch-lernen.ch

Doch mit dem Videokurs ist es noch lange nicht getan. Wir haben noch viele weitere Ressourcen zu bieten, welche dir das tägliche Lernen erleichtern sollten. Da gibt es zum einen unsere, vor kurzem erschienene Lernapp für Android: Schweizerdeutsch lernen. Mit der App hast du ein mobiles Wörterbuch mit Suchfunktion direkt in deiner Tasche dabei, kannst verschiedene Sätze zu Alltagssituationen nachschlagen und liest die aktuellsten Beiträge von unserem Blog.

Unser Blog ist ein wichtiges Stichwort, dort findest du, ähnlich wie in diesem Buch, viele interessante themenbezogene Beiträge rund um die Schweiz. Dabei achten wir stets darauf, dass du sowohl Schweizerdeutsch als auch etwas über die Kultur lernst. Schau doch rein und sieh dir die aktuellsten Beiträge an unter: www.schweizerdeutsch-lernen.ch/blog/.

Sehr stark vertreten sind wir zudem in diversen sozialen Netzwerken, auf denen wir täglich neue Inhalte veröffentlichen. Sei es Fakten, Sprüche, Witze, coole Tipps und Tricks oder auch direkte Übersetzungen die du direkt anwenden kannst. Wichtig ist es auch, den YouTube Kanal zu abonnieren. Dort veröffentlichen wir hin und wieder ein Lernvideo aus unserem Schweizerdeutsch Online-Kurs in verkürzter Form. Such dir also deine Plattformen aus:

- ⇨ **Facebook**   www.schweizerdeutsch-lernen.ch/fb
- ⇨ **Twitter**   www.schweizerdeutsch-lernen.ch/twitter
- ⇨ **Instagram**   www.schweizerdeutsch-lernen.ch/insta
- ⇨ **YouTube**   www.schweizerdeutsch-lernen.ch/youtube

BONUS A: Schweizerdeutsche Sätze, die du jeden Tag brauchen wirst

Da du uns dein Vertrauen geschenkt hast, dieses Buch gekauft hast und es auch bis zum Ende durchgearbeitet hast, haben wir noch einen Bonus für dich obendrauf gepackt. Du findest hier 1 000 Schweizerdeutsche Begriffe in alphabetischer Reihenfolge mit ihren Übersetzungen und zudem noch Schweizerdeutsch Sätze, sortiert nach Themengebieten, die du direkt im Alltag anwenden kannst. Diese Sätze findest du auch in unserer Schweizerdeutsch lernen App, es lohnt sich also allemal sich diese herunterzuladen.

Flirten

Schweizerdeutsch	Hochdeutsch
Willsch mit mier en Kaffi go trinke?	Möchtest du mit mir einen Kaffee trinken gehen?
Chani dich uf en Drink iilade?	Kann ich dir einen Drink kaufen?
Hemer eus vorher scho mal troffe?	Haben wir uns vorher schon mal getroffen?
Chunnsch oft da ane?	Kommst du häufig hier her?
Hesch e Fründin?	Hast du eine Freundin?
Wenn chunnsch vom schaffe hei?	Wann kommst du von der Arbeit nach Hause?
Willsch mit mir in usgang?	Willst du mit mir ausgehen?
Du hesch wunderschöni Auge.	Du hast wunderschöne Augen.
Ich find dich huere attraktiv.	Ich finde dich sehr attraktiv.
Du bisch luschtig.	Du bist lustig.
Was isch dini Handynummere?	Was ist deine Handynummer?
Gömmer irgendwohi wo's chli ruhiger isch.	Lass uns wo hingehen, wo es etwas ruhiger ist.
Wemmer zrugg zu mir?	Sollen wir zurück zu mir gehen?
Wänn gsemmer eus s'negschte mal?	Wann sehen wir uns das nächste Mal?

Geld

Schweizerdeutsch	Hochdeutsch
Wie viel choschtet das?	Wie viel kostet das?
Sind d' Stüüre im Priis inbegriffe?	Ist im Preis die Steuer einbegriffen?
Chönnd Sie mir Geld wächsle?	Können Sie Geld wechseln?
Was isch de Wächselkurs?	Was ist der Wechselkurs?
Chani mit Kreditcharte zahle?	Kann ich mit Kreditkarte zahlen?
Die Kreditcharte isch abglehnt worde.	Diese Kreditkarte wurde abgelehnt.
Wo channi Geld abhebe?	Wo kann ich Geld abheben?
Wo findi die negscht Bank?	Wo kann ich die nächste Bank finden?
Wo isch de neggschti Geldautomat?	Wo ist der nächste Geldautomat?
Chömmer eus d'Rechnig teile?	Können wir uns die Rechnung teilen?
Chan ich Ihne en Check usstelle?	Kann ich Ihnen einen Check ausstellen?
Isch das de richtigi Betrag?	Ist das der richtige Betrag?
Chönnti bitte e Rechnig ha?	Kann ich bitte eine Rechnung haben?

Freunde finden

Schweizerdeutsch	Hochdeutsch
Wie heissisch du?	Wie heisst du?
Ich heisse Allison.	Mein Name ist Allison.
Wohnsch du da?	Wohnst du hier?
Vo wo chunnsch?	Woher kommst du?
Ich bin vo San Francisco.	Ich bin aus San Francisco.
Gasch id Schuel?	Gehst du zur Schule?
Ich bin ade Uni / Hochschuel / Gymi.	Ich bin an der Universität / Hochschule / Gymnasium.
Wo schaffsch du?	Was arbeitest du?
Ich bin Lehrer / Programmierer / Arzt.	Ich bin Lehrer / Programmierer / Doktor.
Was machsch du gern i dinere Freiziit?	Was machst du gerne in deiner Freizeit?
Ich snowboarde / reise gern	Ich mag snowboarden / reisen / Yoga.
Hesch Luscht mit eus go zmittag ässe?	Hast du Lust mit uns gemeinsam Mittag zu essen?
Sicher, kennsch es guets Restaurant?	Natürlich, kennst du ein gutes Restaurant?
Wämmer eus hüt abig treffe?	Willst du dich heute Abend treffen?
Ja, ich kenn en guete Ort.	Ja, ich kenne einen guten Ort

Wetter

Schweizerdeutsch	Hochdeutsch
Wie ischs Wetter?	Wie ist das Wetter?
Es schneit / regnet.	Es schneit / regnet.
Es isch sunnig.	Es ist sonnig.
Was seit de Wetterbricht?	Was sagt der Wetterbericht?
Wulcheloos und warm.	Wolkenlos und warm.
Wie isch d' Temperatur?	Wie ist die Temperatur?
Drissig Grad Celsius.	Dreißig Grad Celsius.
Wie heiss / chalt wirds?	Wie heiss / kalt wird es werden?
Sölli en Regemantel bringe?	Soll ich einen Regenmantel bringen?
Vergiss nöd, din Regeschirm mitzneh.	Vergiss nicht, deinen Regenschirm mitzunehmen.
Wie isch d'Luftfüechtigkeit?	Wie ist die Luftfeuchtigkeit?
Mir ischs zu heiss / chalt.	Mir ist es zu heiss / kalt.
Wird's hüt en Sturm geh?	Wird es heute einen Sturm geben?
Was für en super Tag.	Was für ein grossartiger Tag!

Aktivitäten

Schweizerdeutsch	Hochdeutsch
Was machsch ide Ferie?	Was machst du in den Ferien?

Ich bin zum snowboarde / surfe / tauche cho.	Ich bin zum snowboarden / surfen / tauchen gekommen.
Ich bsuech en Kurs.	Ich besuche einen Kurs.
Ich bin gschäftlich da.	Ich bin geschäftlich hier.
Wo chammer da go jogge?	Wo kann man hier joggen?
Isch da en Park ide nöchi?	Ist hier ein Park in der Nähe?
Welle Strand isch de besti?	Welcher Strand ist der beste?
Ischs volle?	Ist es voll?
Chömmer det go schwümme?	Können wir dort schwimmen gehen?
Chömmer es Velo miete?	Können wir ein Fahrrad mieten?
Wo chömmer zum wandere hi gah?	Wo können wir zum wandern hin gehen?
Das tönt nach viel Spass.	Das klingt nach jeder Menge Spass.

Einkaufen

Schweizerdeutsch	Hochdeutsch
Wo channi Souveniers chaufe?	Wo kann ich Souvenirs kaufen?
Ich suech en Chleiderlade.	Ich suche einen Kleidungsladen.
Wo isch d'Schuehabteilig?	Wo ist die Schuhabteilung?
Gits das au in chlii / medium / gross?	Gibt es das auch in klein / mittel / gross?
Hend Sie no anderi Farbe?	Haben Sie noch andere Farben?
Channis aprobiere?	Kann ich es anprobieren?
Wie viel choschtet das?	Wie viel kostet es?
Das isch z' tüür.	Das ist zu teuer.
Chönntet Sie mier bitte en andere Priis abüüte?	Können Sie mir bitte einen besseren Preis anbieten?
Hend Sie no öppis günstigeres?	Haben Sie etwas günstigeres?
Hend Sie öppis im Agebot?	Haben Sie irgendetwas im Angebot?
Ich lueg nur chli ume.	Ich schaue mich nur um.
Wo channi zahle?	Wo kann ich bezahlen?

Ausgehen

Schweizerdeutsch	Hochdeutsch
Wo chammer am abig guet in usgang?	Wo kann man abends gut ausgehen?
Isch d'Gegend sicher?	Ist die Gegend sicher?
Wo gits Live Musik?	Wo kann man Live Musik hören?
Chasch mer en guete Club empfehle?	Kannst du einen guten Club empfehlen?
Wie lang hets offe?	Wie lang ist geöffnet?
Müemmer dete Itritt zahle?	Muss man dort Eintritt zahlen?
Chammer dete Esse bstelle?	Kann man dort Essen bestellen?
Chani öppis zum trinke ha?	Kann ich ein Getränk haben?
Willsch tanze?	Willst du tanzen?
Was wemmer alegge?	Was sollen wir anziehen?
Welli Film laufed?	Welche Filme laufen?

Mer wennd es Theaterstück go luege.	Wir wollen ein Theaterstück ansehen.
Wie viel choschtet Tickets?	Wie viel kosten die Tickets?
Wo chömmer es Taxi bstelle?	Wo können wir ein Taxi bestellen?

Nach dem Weg fragen

Schweizerdeutsch	Hochdeutsch
Bisch vo da?	Bist du von hier?
Ja, chani dier helfe?	Ja, kann ich dir helfen?
Chönntet Sie mir bim Weg wiiterhälfe?	Können Sie mir beim Weg weiterhelfen?
Wo gönnd Sie hii?	Wo gehen Sie hin?
Zur Zugstation.	Zur Zugstation
Ich suech e Bank.	Ich suche eine Bank.
I welli Richtig gahts zum Stadtzentrum?	In welcher Richtung geht es zum Stadtzentrum?
I welli Richtig isch d' Poststation?	In welcher Richtung ist die Poststation?
Ischs links oder rechts?	Ist es links oder rechts?
Bini ufem richtige Weg?	Bin ich auf dem richtigen Weg?
Chasch mer bitte e Charte zeige?	Kannst du mir bitte eine Karte zeigen?

Transport

Schweizerdeutsch	Hochdeutsch
Ich will id Stadt.	Ich will in die Stadt.
Wie chummi am beschte dethi?	Wie komme ich am besten dort hin?
Isch es eifacher mitem Bus oder mitem Taxi?	Ist es einfacher mit dem Bus oder Taxi?
Wo channi es Ticket chaufe?	Wo kann ich ein Ticket kaufen?
Wo isch d'negscht U-Bahn Station?	Wo ist die nächste U-Bahn Station?
Chani bitte e U-Bahn-Charte ha?	Kann ich bitte eine U-Bahn-Karte haben?
Wie viel choschtet es Taxi?	Wie viel kostet ein Taxi?
Wo chani es Taxi finde?	Wo kann ich ein Taxi finden?
Chasch mer bitte es Taxi rüefe?	Kannst du mir bitte ein Taxi rufen?
Wie viel choschtet es Mietauto?	Wie viel kostet ein Mietauto?
Bruch ich defür d'International Driver's License?	Brauche ich dafür die "International Driver's License"?
Wie lang gahts zum dethi gah?	Wie lange würde es dauern, dort hin zu gehen.

Reisen

Schweizerdeutsch	Hochdeutsch
Chani bitte Ihre Pass gseh?	Kann ich bitte Ihren Pass sehen?
Ja, da ischer.	Ja, hier ist er.
Vo wo chömmed Sie?	Woher kommen Sie?
Ich bin us New York.	Ich bin aus New York.
Sind Sie gschäftlich oder für Ferie da?	Sind sie geschäftlich oder zum Urlaub hier?

Ich mach Ferie.	Ich bin im Urlaub.
Wie lang blibsch?	Wie lange bleibst du?
Zwei Täg / Wuche / Monet.	Zwei Tage / Wochen / Monate.
Wo isch mis Gepäck?	Wo ist mein Gepäck?
Gepäckabholig isch im Erdgeschoss.	Gepäckabholung ist im Erdgeschoss.
Sölli en Bus oder es Taxi neh?	Soll ich den Bus oder ein Taxi nehmen?
Es Taxi wär schneller.	Ein Taxi wäre schneller.
Ich bin verlore.	Ich bin verloren.
Wo findi e charte?	Wo kann ich eine Karte finden?

Gespräche

Schweizerdeutsch	Hochdeutsch
Entschuldigung.	Entschuldigen Sie
Redet Sie Englisch?	Sprechen sie Englisch?
Ich verstahn Sie nöd.	Ich verstehe sie nicht
Chönnt Sie bitte echli langsämer rede?	Können sie bitte langsamer sprechen?
Chönntet Sie das bitte wiederhole?	Können sie das bitte wiederholen?
Wie seit mer...?	Wie sagt man ...?
Wie schriebt mer...?	Wie schreibt man ...?
Chasch mer en Tipp geh?	Kannst du mir einen Tipp geben?
Was lauft?	Was geht ?
Danke für alles.	Danke für alles.
Sehr gern.	Sehr gerne.

Begrüssung

Schweizerdeutsch	Hochdeutsch
Hey wie gahts?	Hallo, wie geht's?
Hey wie laufts?	Hey, wie läuft es?
Mir gahts guet und dier?	Mir geht es gut, und dir?
Was gits neus?	Was gibt es Neues?
Nöd viel, bi dir?	Nicht viel, und bei dir?
Guete Morge.	Guten Morgen.
Guete n'abig.	Guten Abend.
Guet Nacht, schlaf guet.	Gute Nacht, schlaf gut.
Freut mich dich z'treffe.	Freut mich dich zu treffen.
D'Freud isch ganz uf minere Siite.	Die Freude ist ganz meinerseits.
Bis bald.	Bis bald.
Bis spöter.	Bis später.
Bis morn.	Bis morgen.
Tschüss.	Tschüss.

Notfall

Schweizerdeutsch	Hochdeutsch
Ich bin verletzt.	Ich bin verletzt.

Ich bruch en Arzt.	Ich brauche einen Arzt.
Rüefed Sie en Arzt.	Rufen sie einen Arzt.
Ich bruch ärztlichi Versorgig.	Ich brauche ärztliche Versorgung.
Ich bin gege Penicillin allergisch.	Ich bin gegen Penicillin allergisch.
Es het en Unfall geh.	Es gab einen Unfall.
Ich kenn mich mit erste Hilf us.	Ich kenne mich mit erster Hilfe aus.
Ich bruch öppis gege de Schmerz.	Ich brauche etwas gegen den Schmerz.
Ich han mer min Arm broche.	Ich habe mir meinen Arm gebrochen.
Ich han mer min Knöchel verschtuucht.	Ich habe mir meinen Knöchel gestaucht.
Bitte informiered Sie mini Familie.	Bitte informieren sie meine Familie.
Ich bin usgraubt worde.	Ich wurde ausgeraubt.
Rüefed Sie d'Polizei!	Rufen sie die Polizei!

Tourismus

Schweizerdeutsch	Hochdeutsch
Wo ischs Tourischtebüro?	Wo ist das Touristenbüro?
Was sind die beschte Ort wo mer bsueche muss?	Was sind die besten Orten, die man besuchen muss?
Was chamer da mit Chinder mache?	Was kann man hier mit Kindern unternehmen?
Wie chunnt mer am beschte dethi?	Wie kommt man dort am besten hin?
Wie viel choschtet de Itritt?	Wie viel kostet der Eintritt?
Ischs für Studente gratis?	Ist es für Studenten kostenlos?
Bütet Sie Toure a?	Bieten Sie Touren an?
Wänn machts uf und wänn macheds zue?	Wann öffnet und schliesst es?
Wo isch de iigang und de Usgang?	Wo ist der Eingang und Ausgang?
Wie lang isch d'Schlange?	Wie lange ist die Schlange?
Wo ischs Badezimmer?	Wo ist das Badezimmer?
Döffe mer Bilder mache?	Dürfen wir Bilder machen?

Nützliche Ausdrücke

Schweizerdeutsch	Hochdeutsch
Chönnd Sie mier bitte helfe?	Kannst du mir bitte helfen?
Ich han e Frag.	Ich habe eine Frage.
Wie chan ich das mache?	Wie kann ich das machen?
Wo find ich es öffentlichs WC?	Wo finde ich eine öffentliche Toilette?
Wieso muss ich das mache?	Warum muss ich das machen?
Wie spaat isches?	Wie spät ist es?
Ich han Hunger und Durscht.	Ich bin hungrig und durstig.
Ich bin müed.	Ich bin müde.
Chönntet Sie es Bild vo eus mache?	Könnten Sie bitte ein Bild von uns machen?
Chan ich churz dis Handy uslehne?	Kann ich mir dein Handy ausleihen?
Was isch de Unterschied?	Was ist der Unterschied?
Ich bin mer nöd sicher.	Ich bin nicht sicher.

Ich weiss es nöd.	Ich weiss es nicht.
Das isch in Ornig.	Das ist in Ordnung.
Viele Dank!	Vielen Dank!

Dienste

Schweizerdeutsch	Hochdeutsch
Wo chani mini Wösch wäsche?	Wo kann ich meine Wäsche waschen?
Was choschtets es T-Shirt z'reinige?	Was kostet es ein T-Shirt zu reinigen?
Wänn ischs fertig?	Wann ist es fertig?
Chönnt Sie's bitte i mis Zimmer bringe?	Können Sie es bitte in meinen Raum bringen?
Wänn isch de Zimmerdienscht fertig?	Wann endet der Zimmerdienst?
Ich muss zum Coiffeur.	Ich muss zum Friseur gehen.
Biite nur churz schniide.	Bitte nur kurz schneiden.
Ich het gern e Massage.	Ich möchte gerne eine Massage.
Gits da es Spa?	Gibt es hier ein Spa?
Gits da Chinderbetreuig?	Gibt es hier Kinderbetreuung?
Es isch chabutt.	Es ist kaputt.
Chönnt Sie das repariere?	Können Sie das reparieren?

Kommunikation

Schweizerdeutsch	Hochdeutsch
Gits da Internet?	Gibt es hier Internet?
Was ischs Passwort?	Was ist das Passwort?
Gits da ide nöchi es Internetkaffee?	Gibt es hier in der Nähe ein Internetkaffee?
Chan ich churz es Telefon mache?	Kann ich einen Anruf tätigen?
Wo chani e Prepaid Handycharte chaufe?	Wo kann ich eine Prepaid Handykarte kaufen?
Würdet Sie gern e Nachricht hinderlah?	Würden sie gerne eine Nachricht hinterlassen?
Wänn chani Ihne am beste zrugglüte?	Wann kann ich sie am besten zurück rufen?
Hend es Fax?	Haben sie ein Fax?
Wo chani de Brief abgäh?	Wo kann ich diesen Brief abgeben?
Wo chani Briefmarke chaufe?	Wo kann ich Briefmarken kaufen?

Zum Essen ausgehen

Schweizerdeutsch	Hochdeutsch
Kennsch es guets Restaurant?	Kennst du ein gutes Restaurant?
Ich wür gern e Reservierig mache.	Ich würde gerne eine Reservierung machen.
Wie viel Lüüt sind uf dinere Party?	Wie viele Personen sind auf deiner Party?
Mir sind 6 Lüüt.	Wir sind 6 Personen.
Chönnti bitte es Menü ha?	Könnte ich bitte eine Speisekarte haben?

Chönntet Sie mir e Vorspeis empfehle?	Koennen sie eine Vorspeise empfehlen?
Was isch Ihri Spezialität?	Was ist ihre Spezialität?
Ischs scharf?	Ist es scharf?
Ischs süess?	Ist es süss?
Wie hettet Sie's denn gern zuebereitet?	Wie hätten sie es gerne zubereitet?
Dure / Medium / Rare.	Durch / Medium / Rare.
Hend Sie au vegetarischi Gricht?	Haben sie auch vegetarische Gerichte?
Chönnti bitte meh Wasser ha?	Könnte ich bitte mehr Wasser haben?
Chönnti bitte d'Rechnig ha?	Könnte ich bitte die Rechnung haben?
Ischs Trinkgeld scho debi?	Ist das Trinkgeld schon dabei?

BONUS B: Die 1000 häufigsten Schweizerdeutschen Wörter

Schweizerdeutsch	Hochdeutsch
Aabig	Abend
Aacho	ankommen
Aadüte	andeuten
Aakunft	Ankunft
Aaruef	Anruf
aatöne	andeuten
abartig	abartig
abegheie	herunterfallen
Abflug	Abflug
Abhaue	abhauen
Abreis	Abreise
abreise	abreisen
abverheit	misslungen
abverreckt	misslungen
achtig	Achtung
Ade, Adjö	Auf Wiedersehen
Advent	Advent
Adventschranz	Adventskranz
Adventskalender	Adventskalender
Adventsmärt	Adventsmarkt
Agända	Agenda
Alles Guete zum Geburi!	Alles Gute zum Geburtstag
alpott	immer wieder
amigs	ab und zu
ängstirnig	engstirnig
Anke	Butter
armi Lüt	Arme Leute
Ässe	Essen
Astronomisch	Astronomisch
Ätti	Vater (Berndeutsch)
äuä	Sicher nicht.
Auto	Auto
Autofahre	Auto fahren

Autostöpple	Autostop
Äxgüsi	Entschuldigung
Baby	Baby
Badchappe	Badekappe
Badchleid	Badekleid
Bade	baden
Badefeerie	Badeferien
Bädele	baden gehen
Badhose	Badehose
Badi	Schwimmbad
Badtüechli	Badetuch
Balkonie	der Balkon
Bänkli	Sitzbank
Bäredräck	Lakritze
Bärge	Berge
Baseldytsch	Baseldeutsch
Bebe	Baby
Berg	Berg
Beschprächig	Besprechung
Bett	Bett
Bettfläsche	Bettflasche
Bettmümpfeli	Ein Snack vor dem Schlafen gehen
Bewärbig	Bewerbung
bewundere	Bewundern
Bibeli	Pickel
biwakiere	Biwakieren / zelten
bizzeli	ein wenig
Blätter	Blätter
Bleischtift	Bleistift
blöterle	blödeln
Blueme	Blume
Blüemli	kleine Blume
blüttle	nackt herum laufen
Böllä	ein Ball
bösi Geischter	böse Geister
Boum	Baum
Bratwurscht	Bratwurst
breicht	getroffen
briegge	rumheulen
Brüeder	Bruder
Brüederli	kleiner Bruder
brüele	heulen
Brünneli	ein Waschbecken
bruuchbar	brauchbar
bsinne	sich besinnen
bsoffe	besoffen
Bsoffene	ein Besoffener
Bsuecher	Besucher
Buäb	Junge
büätzä	arbeiten
Büätzer	Arbeiter

bueche	buchen
Buggel	ein Buckel
Buggeli	ein kleiner Buckel
Buggelpischte	eine Buckelpiste
Büro	Büro
Bus	Bus
Buschi	Baby
Buschiwägeli	Kinderwagen
busfahre	Bus fahren
Büsi	Katze
Busle	Katze
Bütschgi	Apfel
Buuch	Bauch
Buuchweh	Bauchschmerzen
Buur	Bauer
Buurehof	Bauernhof
Buurehof-Feerie	Ferien auf dem Bauernhof
campiere	campen
Campingplatz	Campingplatz
Chalet	Chalet
chalt	kalt
Chälti	Kälte
Chappe	Mütze
Charte	Karte
Chäs	Käse
Chaschte	starker Mann
Chäschüechli	Käseküchlein
Chatz	Katze
Chatzesprung	kurze Distanz
Chaugummi	Kaugummi
chere	umdrehen
Cherze	Kerze
Cherzezieh	Kerzen ziehen
Cheutschgi	Kaugummi
Chilbi	Messe
chill e chli	chill ein wenig
Chind	Kind
Chindergeburi	Kindergeburtstag
Chlapf	feiner Schlag
Chleider azieh	Kleider anziehen
chliine	kleiner
Chloschter	Kloster
chlöpfe	schlagen (Türe zuschlagen)
Chnebel	grosses Holzstück
chneble	jmd. knebeln
choche	kochen
Chochtopf	Kochtopf
Chopf	Kopf
Chopfhörer	Kopfhörer
Chöpfler	Kopf voran eintauchen
Chopfweh	Kopfschmerzen

Chrälleli	kleine Perlen für zum Beispiel Ketten
Chraft	Kraft
chrampfe	hart arbeiten
Chriesi	Kirschen
Chriesischtei	Kirschensteine
Chrippe	Krippe
Chrischtbaum	Christbaum
Chrischtchindli	Christkind
Chrone	Krone
Chrotepösche	Löwenzahn
Chrüsimüsi	ein Chaos
Chuchi	Küche
Chuchichäschtli	Küchenkasten
Chuchischublade	Küchenschublade
Chuderwäusch	etwas das man nicht versteht
Chue	Kuh
Chueche	Kuchen
Chueflade	Kuhfladen
Chuehnagel	Kuhnagel
Chugelschriiber	Kugelschreiber
Chugi	Kugelschreiber
Chum gli hei!	Komme bald nach Hause
Chündigung	Kündigung
Chunnsch mit mir go Znacht ässe?	Kommst du mit mir Abendessen?
Chürbis	Kürbis
chüschele	flüstern
chützele	ankreuzen
chützelig	kitzelig
chuum	weniger
Cou-Cousin	Gross-Cousin
Cou-Cousine	Gross-Cousinne
Cousin	Cousin
Cousine	Cousinne
d'Hose ahaa	die Hosen anhaben
dinne	drinnen
dischtanziert	distanziert
Donnschtig	Donnerstag
driigheie	reinfallen
Dr Gägner	der Gegner
Drüggedde	ein Gedrücke
Du bisch de Beschti!	Du bist der Beste!
Du bisch di Beschti!	Du bist die Beste!
Du gsehsch mega hübsch us.	Du schaust sehr hübsch aus.
Du machsch mi glücklich	Du machst mich glücklich.
Dubel	Idiot
Durenand	ein Chaos
durenand sii	verwirrt sein
dusse	draussen
Egoischt	Egoist
eh	ähm
Eichörnli	Eichhörnchen

Eier färbe	Eier färben
Eier sueche	Eier suchen
Eiertätsch	Eier anstoßen – Tradition an Ostern
eimal	einmal
Eimal Kaffi bittschön	Einen Kaffee bitte.
Eltere	Eltern
Entfernig	Entfernung
En Guete	Guten Appetit
En Huffe Gäld	Einen Haufen Geld
En Schöne	Hab einen schönen Tag
En schöne Valentinstag	Einen schönen Valentinstag
emol	einmal
Erdnüssli	Erdnüsse
Erläbnis	Erlebnis
erschte Auguscht	Erster August, Nationalfeiertag der Schweiz
erstuunlich	erstaunlich
Es fägt	Es macht Spass!
Es guets Nöis	Ein frohes Neues
Es menschelet	Es gibt zwischenmenschliche Probleme
Es schöns Wucheänd	Ein schönes Wochenende
Eus gohts guet	Uns geht es gut
Fähli	Fell
Familie	Familie
farbig	farbig
Fäscht	Fest
fasle	plappern
Faul	ein Faul
Feerie	Ferien
Felse	Felsen
Feschtplatte	Festplatte
Feschttäg	Festtage
figuretle	intensiv arbeiten
Finke	Finke
Fisimatänte mache	um nichts ein großes Ding machen
Flangge	eine Flanke (Fussball)
Flitterwuche	Flitterwochen
Flughafe	Flughafen
Flugi	Flugzeug
Flugzüüg	Flugzeug
Fluss	Fluss
Fluug	Flug
Fluugangscht	Flugangst
flüüge	fliegen
Fluughafe	Flughafen
fötele	fotografieren
Föteli	Foto
Foti	Foto
Fötzeli	ein Fetzen Papier
Fotzelschnitte	ein Schweizer Gericht aus Brot
Frau	Frau
Frauefurz	Frauen Furz – ein Feuerwerkskörper

Freizit	Freizeit
Freizitsportarte	Freizeitsportarten
Friitig	Freitag
Früehlig	Frühling
Fründ	Freund
Fründin	Freundin
früsch	frisch
fruschtriert	frustriert
Fudi	Hintern
Füdli	Hintern
füdliblutt	komplett nackt
Füess	Füsse
Fuessball	Fussball
Fuessball spiele	Fussball spielen
Fuessballplatz	Fussballplatz
füessle	gegenseitig die Füsse berühren
fulänze	ausruhen
Furz	Furz
Füür	Feuer
füürle	ein Feuer machen
Füürwärk	Feuerwerk
ga blüemle	Blumen pflücken
ga bügle	arbeiten gehen
gääch	hart, harzig
Gäld	Geld
Garracho	mit viel Geschwindigkeit
Gascht	Gast
Gäscht	Gäste
Geburi	Geburtstag
geigniti	geeignete
genialschtens	genial
Gepäck	Gepäck
gfroore	gefroren
gfrüüre	gefrieren
gfürchig	angsteinflössend
gheie	umfallen
ghöre	hören
Gigampfi	Schaukel
Gigetschi	Apfelkern
gigele	kichern
Glattiis	Glatteis
gleitschirmflüge	Gleitschirm fliegen
glette	bügeln
Glögglböögg	nervige Person
Gloons	Clowns
Glugsi	Aufstossen
Glunge	eine Pfütze
gluschtig	verlockend
glüschtle	verlockend sein
Gmeinde	Gemeinde
Gmüetlichkeit	Gemütlichkeit

Gnüss es!	Geniess es!
gnüsse	geniessen
Gnusswuche	Geniesserwoche
goisse	kreischen
Gomfi	Marmelade
Gonfi	Marmelade
Goof	ein kleiner Junge
Gool	Goal
Gooli	Torwart
göötsche	mit Wasser spielen
Gopfriedstutz	verdammt nochmal
Göppel	ein alter Karren/Auto
Gorner	Eckball
gränne	heulen
grau	grau
Grind	Kopf
Grittibänz	ein Grittbänz (Gebäck)
Gromi	Grossmutter
Gropi	Grossvater
Grosätti	Grossvater
Groschind	Grosskinder
Groseltere	Grosseltern
Grosi	Grossmutter
Grosmami	Grossmutter
Grospapi	Grossvater
Grossmami	Grossmutter
Grossmeitli	Enkelin
Grübschi	Apfelkern
Grücht	Gerücht
Grüezi	Hallo
Grüüsch	Geräusch
Gschänkli	Geschenk
Gschwüschterti	Geschwister
gsund	gesund
Gsundheit	Gesundheit
guet	gut
Guet Nacht	Gute Nacht
Guete Aabig	Guten Abend
Guete Morge	Guten Morgen
Guete Tag	Guten Tag
Guetzli	Kekse
Güfeli	Stecknadel
Gummistiefel	Gummistiefel
gumpe	springen
günschtig	günstig
Güsel	Abfall
Güselchübel	Abfallkübel
Gutsch	ein Schluck
güxle	schauen
Gwitter	Gewitter
Haar	Haare

Haargummeli	Haargummi
Haarschnitt	Haarschnitt
habere	essen
Hackbrätt	Hackbraten
häimelig	heimlig
Halbpension	Halbpension
Hälfti	Hälfte
Hallo	Hallo
Hampfle	eine Hand voll
Handarbet	Handarbeit
Händsche	Handschuhe
Häppi Börsdei	Happy Birthday
Härdöpfel	Kartoffeln
Härdöpfelstock	Kartoffelpürree
hässig	wütend
heimlifeiss	ein Schlitzohr
Hemli	Hemd
Herbscht	Herbst
Herbschtferie	Herbstferien
hiilegge	hinlegen
hindersi fahre	rückwärts fahren
höchschtglegeni	höchstgelegene
Hochzig	Hochzeit
Hoi	Hallo
Hoi zäme	Hallo zusammen
Hoigümper	Heuschrecke
Hose	Hose
Hosesack	Hosentasche
Hostel	Hostel
Hotel	Hotel
Hotelzimmer	Hotelzimmer
Hudigägeler	Schweizer Volksmusik
Hueschte	Husten
Huet	Hut
Hülle	Hülle
Hund	Hund
Hündli	kleiner Hund
Hundsverlochete	Party irgendwo im letzten Loch
Hüppi	Knoten
hüüle	heulen
Huus	Haus
Huusfrau	Hausfrau
Huustür	Haustüre
Ich be ned Schwizer.	Ich bin nicht Schweizer
Ich be ned Schwizerin	Ich bin nicht Schweizerin
Ich be nur chli am umeluege.	Ich bin nur ein wenig am schauen
Ich bi voll.	Ich bin voll
Ich ha Milch gärn	Ich mag gerne Milch
Ich has kapiert	Ich habe es begriffen
Ich has tscheggt	Ich habe es begriffen
Ich has verstande	Ich habe es verstanden

Ich liebe dich	Ich liebe dich
Ich mag nüm	Ich mag nicht mehr
Ich vermiss di	Ich vermisse dich
ID	Identitätskarte
Iglu	Iglu
Ihrucke	einrücken
Iibruch	Einbruch
Iichaufe	Einkaufen
iigschneit	eingeschneit sein
iipacke	einpacken
Iis	Eis
iischalt	eiskalt
Iischneebele	eingeschneit
Iishockey	Eishockey
Iisräge	Eisregen
Iiszapfe	Eiszapfen
iiu	sicher
Iiszit	Eiszeit
ilade	einladen
in Usgang goh	in den Ausgang gehen
inegumpe	reinspringen
jödele	jodeln
jodle	jodeln
Johr	Jahre
Joorhundert	Jahrhundert
Joggel	eine tollpatschige Person
jöggele	Tischfussball spielen
Jöggelichaschte	Tischfussball Kasten
Jugi	Jugendhotel
jung	jung
jungi Lüt	junge Leute
Kaff	ein kleines Dorf
Kafi	Kaffee
Karfriitig	Karfreitag
Karsumpel	Gerümpel
Kater	Kater
kei Ahnig	keine Ahnung
Koffer	Koffer
Kolleeg	Kollege
Kroki	Krokodil
Kuckucksuhr	Kuckucksuhr
kulinarischi	kulinarisch
Kulturelli	kulturell
Kunscht	Kunst
Künschtler	Künstler
Kunschtsammlig	Kunstsammlung
Lade	Laden
Lampe	Lampe
Lämpe	Streit
langi Unterhose	lange Unterhosen
Langwili	Langeweile

Lätzli	Lätzchen
lauffe	laufen
Lawabo	Lavabo
Lawine	Lawine
Lawinegfohr	Lawinengefahr
Legände	Legenden
Leischtigsvermöge	Leistungsvermögen
lehre	unterrichten, lehren
lerne	lernen
Liebe Gruess	Liebe Grüsse
Liebi	Liebe
Liebi Grüess	Liebe Grüsse
Liecht	Licht
Liechterchetti	Lichterkette
Liechtli	Lichtlein
Liegestuehl	Liegestuhl
links	links
lisme	stricken
Löli	ein schlechter Fahrer
Los mir zue	Hör mir zu!
lose	zuhören
luege	schauen
Luft	Luft
Luftibus	übermütige Person
Lunch	Lunch
luusche	zuhören
lüüchte	leuchten
Lüüchtstift	Marker
Luune	Laune
luunisch	launisch
lüüte	klingeln
Lüütispiili	Klingelstreich
Maa	Mann
Mami	Mami
mampfe	essen
Mandarinli	Manderine
Mäntig	Montag
Marroni	Marroni
Marronitschtand	Marroni Stand
Marroniverchäufer	Maroni Verkäufer
Marzipaneili	Marzipanei
Masseentlassig	Massen-Entlassung
Meer	Meer
mega fein	mega gut
Meitli	Mädchen
Meitschi	Mädchen
Menü	Menü
messi	danke
mischi maschi	durcheinander, ein Gemisch
mitspile	mitspielen
Mittag	Mittag

Mittwuch	Mittwoch
Morge	Morgen
Moscht	Most
moschte	Most Machen, reinstopfen
motze	motzen
mötzele	reklamieren, motzen
müed si	müde sein
Mueter	Mutter
Mueti	Mutter
Näbel	Nebel
Näbelmeer	Nebelmeer
näblig	neblig
Nacht	Nacht
Nachzügler	Nachtstreuner
Nami	Nachmittag
Namitag	Nachmittag
Natel	Handy
Natuur	Natur
Neffe	Neffe
neutral	neutral
Nichte	Nichte
nigelnagelneu	fabrikneu
nonig	noch nicht
notiere	notieren
nüüsse	niesen
öbbe	etwa
öbber	jemand
öbber bewundere	jemand bewundern
öbber speiche	jemanden kicken
öbberem Honig ums Muul schmire	jemandem Honig ums Maul schmieren
öbbis	etwas
öbbis bewundere	etwas bewundern
öbbis ufgäh	etwas aufgeben
Ohregrübler	Tausendfüssler
Öpfel	Apfel
Oschtere	Ostern
Oschtereili	Osterei
Oschterhaas	Osterhase
Oschterhäsli	Osterhase
Oschtermäntig	Ostermontag
Oschternäschtli	Osternest
Oug	Auge
Papi	Vater
Partner	Partner
Pass	Pass
Pass uf dich uf!	Pass auf dich auf!
Passaschier	Passagier
Passkontrolle	Passkontrolle
Pauschalreis	Pauschalreise
Pedale	Pedal
penne	schlafen

Pfnüsel	Schnupfen
Pfüderi	Pfund Brot
Pilz	Pilz
Platz	Platz
Pnö	Pneu / Reifen
Pögg	Puck (Spielball im Eishockey)
Poppi	Baby
Poscht	Post
poschte	einkaufen
pressiere	stressen
Poschtiwägeli	Einkaufswagen
Proscht!	Prost!
Proviant	Proviant
Prüefig	Prüfung
Publikum	Publikum
Puff	ein Chaos
Pünkt	Punkte
quängele	zwängen
quängelig	mürrisch
Quartier	Quartier
quirlig	spritzig
quätsche	quetschen
Räbe	Reben
Räbeliechtli	Rebenlichter
Räbeliechtliumzug	Rebenlichterumzug (Feiertag)
rächts	rechts
rächtzittig	rechtzeitig
Rad	Rad
Räge	Regen
Rägeboge	Regenbogen
Rägemantel	Regenmantel
Rägeschirm	Regenschirm
Rägetropfe	Regentropfen
Rahm	Rahm
Rappespalter	jemand der jeden Cent spart
Reglä	Regeln
Reis	Reise
Reise	reisen
Reisebüro	Reisebüro
Reisefieber	Reisefieber
Reisefüdli	jemand der viel reist
Reisefüehrer	Reiseführer
Reiseziel	Reiseziel
reläxe	entspannen, relaxen
Reschti	Restaurant
Riitseili	Schaukelseil
Riitti	Schaukel
ring	einfach zu machen
Rootwii	Rotwein
Röschti	Rösti, Schweizer Kartoffelgericht
Röschtigrabe	Umgangsprachlich die Trennung zwischen West

	und Ostschweiz
Ross	Pferd
Rössli	kleines Pferd
Rucksack	Rucksack
Rüebli	Karotte
Rüeblitorte	Karottentorte
rüere	rühren
Rüerei	Rührei
Rutschbahn	Rutschbahn
Ruum	Raum
Rüüm	Räume
SAC Hütte	Hütte des Schweizer Alpen Clubs
Sack	Tüte
Sackmesser	Taschenmesser
säiche	regnen oder urinieren
Samichlaus	Santa Klaus
Samschtig	Samstag
sändele	mit Sand spielen
Sanggalle	St.Gallen
Schaal	Schal
schaffe	arbeiten
Schale	eine Schale
Schaufenschter	Schaufenster
Schiff	Schiff
schifffahre	Schiff fahren
Schii	Skis
Schiigebiet	Skigebiete
Schiri	Schiedsrichter
Schiss	Angst
Schisshaas	Angsthase
Schläckzüg	Süssigkeiten
Schläger	Schläger
Schlamassel	Unordnung, Durcheinander
Schlirg	Gekritzelt
Schlitte	Schlitten
Schlittschueh	Schlittschuhe
schlittschüehle	Schlittschuh fahren
Schluck	Schluck
Schlückli	ein kleiner Schluck
schmöcke	schmecken
schmuggle	schmuggeln
schmuuse	schmusen
schnaagge	miteinander quatschen
Schnee	Schnee
Schneeball	Schneeball
Schneeball-Schlacht	Schneeballschlacht
schneebele	mit Schnee spielen
Schneeflocke	Schneeflocke
Schneeflöckli	Schneeflocke (klein=
Schneeflöckli	kleine Schneeflocke
Schneefrau	Schneefrau

Schneemaa	Schneemann
Schneeschturm	Schneesturm
schneie	schneien
schnorchle	schnorcheln
Schnuddernaase	laufende Nase
Schnüggel	Süsser
Schnütze	die Nase schneuzen
Schockierend	schockierend
Schöggeler	jemand mit einem einfachen Leben
Schöggeli	kleines Stück Schokolade
Schoggi	Schokolade
Schoggichueche	Schokoladenkuchen
Schoggihaas	Schokoladenhase
Schoggischtängel	Schokoladenriegel
schönä	schöner
Schöni Ferie	Schöne Ferien
Schöni Wiehnacht	Schöne Weihnachten
Schoppe	Milchflasche fürs Baby
Schpiessli	Kopf voran ins Wasser springen
Schpinnhupele	Spinnennetz
Schpriisse	Ein Holzsplitter
schpringe	springen
Schprungbrätt	Sprungbrett
Schprütze	Spritze
schprütze	spritzen
schriibe	schreiben
Schtäge	Treppe
Schtange	3 dl Bier
Schtärn	Stern
Schtärnli	kleiner Stern
Schtell	Arbeitsplatz
Schtelleazeig	Jobanzeige
Schtern	Stern
Schtern vo Bethlehem	Stern von Bethlehem
schtier	Stier
Schtift	Stift
Schtraass	Strasse
Schtrand	Strand
Schtrasselampe	Strassenlampe
schtrub	komisch
Schtube	Stube
Schtuck	Stück
Schtückli	kleines Stück
schtudiere	studieren
Schtutz	Schweizer Geld
schüch	scheu
Schuel	Schule
Schuelig	Schulung
Schuum	Schaum
Schwager	Schwager
schwänze	schwänzen

Schwiegereltere	Schwiegereltern
Schwiegermueter	Schwiegermutter
Schwiegervatter	Schwiegervater
Schwiiz	Schweiz
Schwiizerdütsch	Schweizerdeutsch
Schwiizer Armee	Schweizer Armee
Schwö	Schwester
Schwögerin	Schwägerin
Schwöschter	Schwester
Schwöschterli	kleine Schwester
Schwümmbi	Schwimmbad
Schwümmbrüle	Schwimmbrille
schwümme	schwimmen
seckle	rennen
Seegfrörni	gefrorener See
Sehenswürdigkeit	Sehenswürdigkeit
singe	singen
Sitzig	Sitzung
Soiblueme	der Löwenzahn
Soldatä	Soldaten
Souvenir	Souvenir
Spazifizottel	kleiner Spaziergang
Spitzäposition	Spitzenposition
Stadtplan	Stadtplan
Stadtrundfahrt	Stadtrundfahrt
Stimmig	Stimmung
Ströfzgi	Strafhausaufgaben
Stüüre	Steuern
Summer	Sommer
Summerfeerie	Sommerferien
sumpfig	sumpfig
Sunne	Sonne
Sunnebrand	Sonnenbrand
Sunnegräm	Sonnencreme
sünnele	sich sonnen
Sunneschiin	Sonnenschein
Sunneschirm	Sonnenschirm
Sunntig	Sonntag
süüferli	vorsichtig
Suuser	leichter Rotwein
täderle	tratschen
Täderlisack	jemand der ein Geheimniss nicht wahren kann
Täfeli	Bonbon
tanke	tanken
Tannebaum	Tannenbaum
Tante	Tante
Täsche	Tasche
täubele	trotzen
Tee	Tee
Teebüteli	Teebeutel
telefoniere	telefonieren

tifig	wendig
töggele	Tischfussball spielen (kickern)
Töggelichaschte	Tischfussballkasten (Kickerkasten)
Tonlaag	Tonlage
tönt guet	gefällt mir
tööne	tönen
trampe	trampen
trinkä	trinken
Truube	Traube
Trüübeli	kleine Traube
tschalpe	laufen mit schwerem Schritt
tschättere	rattern, krachen
Tschüss	Tschüss
Tschüss zämme	Tschüss zusammen
Tschüssli	Tschüss
tschutte	Fussball spielen
tschüttele	leichtes Fussball spielen unter Freunden
Tschuttiplatz	Fussballplatz
Tüechli	Handtuch
tünterle	shoppen aus Langeweile
Tür	Türe
Turischt	Tourist
Turm	Turm
tüür	teuer
übernachte	übernachten
Übernachtig	Übernachtung
Überstunde	Überstunden
Überziit	Überzeit
ufmache	aufmachen
ufpoliere	aufpolieren
uftue	aufmachen
Ufzgi	Hausaufgaben
umchere	umdrehen
umegammle	rumsitzen und warten
umegusle	rumwühlen
umestreune	umherstreifen
Umfrog	Umfrage
Umgebig	Umgebung
Unglaublich	unglaublich
Unglichheit	Ungleichheit
Unkel	Onkel
Ursprüng	Ursprung
useschiebe	herausschieben
Usfluug	Ausflug
Usgang	Ausgang
Ushebig	Aushebung (Militär)
Usland	Ausland
Usländer	Ausländer
Usländerahteil	Ausländeranteil
Uslandschwiizer	Auslandschweizer
usreichend	ausreichend

Uusflug	Ausflug
uuspacke	auspacken
uusschlofe	ausschlafen
Vati	Vater
Vatter	Vater
Veieli	schwarzes Auge
Velo	Fahrrad
velofahre	Fahrrad fahren
Velohelm	Fahrradhelm
Velotour	Fahrrad Tour
Veloweg	Fahrradweg
verpasse	verpassen
verrate	verraten
verreise	verrreisen
verschüche	verscheuchen
verschwände	verschwenden
verschwunde	verschwunden
vertraulich	vertraulich
Verwandti	Verwandte
verzierti	verzierte
Viel Glück zum Geburi!	Alles Gute zum Geburtstag
vielsiitigs Werkzüg	Vielseitiges Werkzeug
vögeliwohl	sich sehr gut fühlen
Vollpension	Vollpension
voorig	übrig
Wäie	Wehe
wälsch	Welschen (Französische Schweiz)
Wandercharte	Wanderkarte
wandere	wandern
Wanderig	Wanderung
Wanderschueh	Wanderschuhe
Wanderweg	Wanderweg
Was hesch hüt vor??	Was hast du heute vor?
Was?	Was?
Wasser	Wasser
Wäue	Welle
Weggli	Brötchen
Wie gohts?	Wie geht es dir?
Wie?	Wie?
Wiehnachte	Weihnachten
Wiehnachtsmärt	Weihnachtsmarkt
Wieviel choschtet das?	Wie viel kostet das?
Wieviel?	Wieviel?
Wii	Wein
Wiiberg	Weinberg
Wiiläset	Weintraubenlese
Wiissi Wiehnachte	Weisse Weihnachten
Wiiswii	Weisswein
Wild	wild, Rehfleisch
wild	wild
Windle	Windeln

Winter	Winter
Winterjagge	Winterjacke
wisawi	gegenüber
Wo?	Wo?
Wuche	Woche
Wucheendmärt	Wochenendmarkt
Wullepulli	Wollpullover
Wurscht	Wurst
wuschle	verwirren, zerzausen
wuschlig	verwirrt
Wüsse	Wissen
Zäh	Zehe
Zahbürschteli	Zahnbürste
Zah	Zahn
zähbutze	Zähne putzen
Zahpaschta	Zahnpasta
Zält	Zelt
zälte	im Zelt schlafen
Zältplatz	Zeltplatz
zart	zart
Zartbitterschoggi	Zartbitterschokolade
Ziischtig	Dienstag
Ziit	Zeit
Ziitgeischt	Zeitgeist
Zimmerservice	Zimmerservice
Zmittag	Mittagessen
Zmorge	Frühstück
Zmorgebuffet	Frühstücksbuffet
zmörgele	frühstücken
Znacht	Abendessen
Znüni	Snack um 9 Uhr
Zoll	Zoll
Zuckereili	Zuckereier (Süssigkeit)
zuemache	schliessen
zuetue	schliessen
zügle	umziehen
Zum Wohl!	Prost, zum Wohl
Zuug	Zug
zuugfahre	Zug fahren
Zvieri	Snack um 16 Uhr
Zwilling	Zwilling
zwitschere	zwitschern

Lösungsschlüssel

Tag 1: Du kannst schon mehr Schweizerdeutsch, als du denkst

Wende die gelernten Regeln auf folgende Wörter an und übersetze sie korrekt ins Schweizerdeutsche:

(1) gmolt
(2) suge
(3) Fiirtig
(4) z Bern
(5) nüün
(6) gschriebe
(7) chrank
(8) Zügnis
(9) Ascht
(10) gschnitte

Tag 2: Begrüssungen

1. Stell dir vor, du kommst ein wenig später zu einem gemütlichen Grillabend unter engen Freunden. Du möchtest nicht jedem einzeln die Hand schütteln, aber doch eine Begrüssung an alle abgeben. Was ist eine geeignete Begrüssung?

Eine geeignete Begrüssung wäre: „Sali zäme". Es sind auch andere Lösungen möglich, wichtig: sie sollte informell sein, z.B. „Hallo zäme" oder „Hoi zäme".

2. Du erscheinst zu einem Bewerbungsgespräch und kennst den Namen deines Gegenübers. Du möchtest sie jetzt richtig begrüssen, wie würde das aussehen?

Grüezi Frau ...
Guete Tag, Obe Frau ... (wichtig formelle Begrüssung mit Namen)

3. Wie verabschiedest du dich nach dem Bewerbungsgespräch in Situation 2?

Uf wiederseh Frau ..., ich wünsch Ihne no en schöne Daag.

4. Du siehst eine Freundin, deren Vater du gut kennst, ihn aber lange Zeit nicht gesehen hast. Was wäre eine logische Floskel, die ein Schweizer in deiner Situation noch anfügen würde?

Seisch dim Vater en Gruess.

5. Was denkst du, wie sich dein Gegenüber den ersten Eindruck von deinen Sprachkenntnissen bildet?

Genau, durch die Begrüssung, denn das ist das erste, das du sagst. Darum schau dir die Lektion gut an und wiederhole sie vielleicht nochmals.

Tag 3: Smalltalk

Setze die folgenden Wörter in den obigen Text ein:

- **(1)** Gohts
- **(2)** Prächtig
- **(3)** Ferie
- **(4)** Besserig
- **(5)** Britischi
- **(6)** Bizzeli
- **(7)** Regnerisch
- **(8)** Mitbeko
- **(9)** Angscht
- **(10)** Bispiel
- **(11)** Gruess
- **(12)** Tschüss

Tag 4: Einkaufen im Supermarkt

1. Wo befinden sich laut dem ersten Gespräch die Tomatensuppen?

Oben direkt neben den Eiern

2. Was ist das Problem der Kundinnen Elsbeth und Lara?

Sie wissen beide nicht, was sie kochen wollen. Sie denken, sie hätten alles schon gehabt.

3. Welche Vorteile hat man laut dem Text mit einer Cumulus Karte ?

Man kann bei jedem Einkauf Punkte sammeln und diese dann einlösen.

4. Übersetze die folgenden Sätze sinngemäss ins Hochdeutsche:

„Channi bitte mit Charte zahle?"
Kann ich bitte mit Karte bezahlen?

„I denk immer, das hemmer doch geschter erscht gmacht."
Ich denke immer, das haben wir doch gestern erst gemacht.

„Okay, demfall folge si mr am beschte grad."
Okay, in dem Fall folgen sie mir am besten direkt.

5. Wie heissen diese vier Nahrungsmittel auf Schweizerdeutsch?

(1) Härtöpfel

(2) Öpfel

(3) Ärdbeeri

(4) Chääs

Tag 5: Bäcker, Metzger und Käser

1. Was ist der grosse Vorteil für dich als Deutscher in einem der oben genannten Läden?

Viele Artikel heissen genau gleich wie im Deutschen, z.B. Der Berliner oder das Cordon Bleu. Die anderen lassen sich meistens relativ leicht ableiten.

2. Übersetze diese Sätze ins Schweizerdeutsche:

„Ich hätte gerne zwei Laugengipfel und ein Käseküchlein."
I hetti gärn zwei Silsergipfeli und ei Chääschüechli.

„Mein Lieblingskäse ist der Emmentaler."
Mi Lieblingschääs isch dr Emmitaler.

„Ich gehe sehr selten zum Metzger."
I gang sehr gärn zum Metzgg.

3. Übersetze folgende Sätze ins Hochdeutsche:

„Bim Metzgg gits s früschischte Fleisch vo dr ganze Stadt."
Beim Metzger gibt es das frischeste Fleisch der ganzen Stadt.

„Dr Begg weiss am Morge jewils scho, was i möcht, will i jede Daag s gliche nimm"
Der Bäcker weiss morgens bereits was ich möchte, da ich jeden Tag das gleiche nehme.

„I ha Chääs nit so gern, drum gangi praktisch nie in e Chässerei."
Ich mag Käse nicht so gerne, darum gehe ich praktisch nie in eine Käserei.

4. Benenne folgende Lebensmittel auf Schweizerdeutsch:

(1) Schlumpi

(2) Gipfeli

(3) Chlöpfer

(4) Fleischchääs

5. Wie heissen zwei klassische Käsegerichte für die die Schweiz bekannt ist?

Fondue und Raclette

Tag 6: Im Restaurant

1. Was genau ist die Hauptzutat vom klassischen Schweizer Gericht „Röschti", welches hier von Sonja bestellt wurde?

> Härtöpfel (auf Schriftdeutsch Kartoffeln)

2. Wenn wir schon beim Essen sind, wie heissen die beiden klassischen Käsegerichte der Schweiz, die weltbekannt sind? Wie nennt man Käse auf Schweizerdeutsch?

> Gricht 1: Raclette
> Gricht 2: Fondue
> Käse uf Schwiizerdütsch: Chääs

3. Im Süden der Schweiz gibt es einen Kanton der sehr bekannt für seinen Weintraubenanbau ist. Der Kanton wird im Dialog erwähnt.

> Kanton: Tessin

4. Was für eine Sprache wird in diesem Kanton gesprochen?

> Sproch: Italiänisch (Italienisch)

5. Wie heisst die Münze, welche einen 5 Franken Gegenwert hat auf Schweizerdeutsch?

> Fünf Franke Münze: Fünfliber

6. Verbkonjugation von *„Ich hätte gern"*

I **hätt gern**	mir **hättä gern**
Du **hättisch gern**	Ihr **hättet gern**
Er/si **hätt gern**	Si **hättä gern**

Tag 7: In der Stadt

1. Konjugiere das Verb „kommen" (auf Schweizerdeutsch „cho") in all seinen Formen.

I **chum**	mir **chöme**
Du **chunnsch**	Ihr **chömet**
Er/si **chunnt**	Si **chöme**

2. Verneine die folgenden 3 Schweizerdeutschen Sätze

> *„I chume mit dir ins Kino."*
> **Verneint:** I chum nit mit dir ins Kino

"*Geschter sind mir am See gsi.*"
Verneint: Gester sind mir nit am See gsi.

"*I gang gern go Jogge am Wucheendi.*"
Verneint: I gang nit gern go jogge am Wucheend.

3. Übersetze die folgenden drei Sätze sinngemäss ins Hochdeutsche:

"*I liebs mit de Fründe go rennä im Park.*"
Ich liebe es mit den Freunden im Park rennen zu gehen.

"*Geschter isch mini ganzi Familie mit mir im Zooli gsi.*"
Gestern war meine ganze Familie mit mir im Zoo.

"*Im Kino lauft wiedermol nüt gschieds, immer s gliche.*"
Im Kino läuft wiedermal nichts vernünftiges, immer dasselbe Problem.

4. Probiere einen kleinen Text auf Schweizerdeutsch zu schreiben, was du gerne mit Freunden in der Stadt treibst. Verwende dabei das gelernte Vokabular und mach dich nicht zu sehr verrückt dabei.

Zum Beispiel können folgende Tätigkeiten verwendet werden: Velo fahre, go poschte, ins Kino en Film go luege, go Sport mache, in e Bar e Stange go trinke, in es Kaffi go, chli go spaziere.

Tag 8: Beim Reisen

1. Wie unterscheiden sich die beiden Touristen im Reisestil?

Tom ist als Backpacker und Abendteurer unterwegs. Peter setzt auf einen gemütlichen Strandurlaub und besichtigt lieber Museen.

2. Wieso wollte Peter nicht in den Canyon gehen?

Weil man dort an Seilen hängt und er an Höhenangst leidet.

3. Was sind die Zutaten in einem Poncha – auf Schweizerdeutsch.

Zuckerrohrschnaps, Orange- und Zitronesaft und Honig

4. Übersetze die folgenden Sätze sinngemäss ins Hochdeutsche.

"*Do bini froh hanni s meischte no vor mir.*"
Da bin ich froh, habe ich das meiste noch vor mir.

"*Geschter bini mitem Jeep ins Landesinnere gfahre, elei das isch scho gewaltig gsi.*"
Gestern bin ich mit dem Jeep ins Landesinnere gefahren, alleine das war schon gewaltig.

"*Jo natürlich, bisch eleige unterwegs?*"
Ja natürlich, bist du alleine unterwegs?

5. Welcher der beiden Touristen muss zuerst nach Hause gehen?

> Peter muss bald nach Hause. Tom hat die Reise noch vor sich.

Tag 9: Nach dem Weg fragen

1. Welches war mein Zielgebäude?

> Freie Musikschule Basel

2. Welches Gebäude war das Ziel?

> Gemeindeverwaltung Emmen

3. Wo hat dich die Wegbeschreibung hingeführt?

> Restaurant La Stanza

Tag 10: Beim Arzt

1. Beschrifte bei der folgenden Person die gewünschten Körperteile. Klar kannst du zum jetzigen Zeitpunkt noch nicht alle kennen, versuche es allerdings und vergleiche anschliessend mit dem Lösungsschlüssel. Dieses Vokabular kannst du bestimmt immer brauchen.

> **(1)** D Hoor
> **(2)** s Aug / d Auge
> **(3)** dr Hals
> **(4)** dr Elleboge / dr Arm
> **(5)** D Hand / D Finger
> **(6)** dr Oberschenkel / s Bei

2. Was wurde dem Kunden Müller gegen seine Schmerzen verschrieben?

> Er soll zweimal täglich eine Schmerztablette nehmen. Allerdings nur wenn nötig und sonst heilt es mit der Zeit.

3. Woher kommen denn die Schmerzen, die sich Herr Müller zugezogen hat?

> Er hat am Wochenende an einem Hindernislauf mitgemacht und dort wahrscheinlich ungewohnte Bewegungen ausgeführt.

4. Übersetze die, teilweise sehr schweren, Hochdeutschen Begriffe ins Schweizerdeutsche:

Der Beinbruch	**= Dr Beibruch**
Die Halskrause	**= D Halskruuse**
Der Arztbesuch	**= Dr Arztbsuech**
Die Spritze	**= D Sprützi**

| Die Schmerzen | = D Schmärze |
| Das Medikament | = S Medikänt |

5. Jetzt der umgekehrte Weg: Was heissen diese Schweizerdeutschen Wörter auf Hochdeutsch?

S Fudi	**Das Gesäss**
I ha miesse bräche	**I musste mich erbrechen**
Krankäauti	**Der Krankenwagen**
I spür e liechts zieh im Rückä.	**Ich spüre ein leichtes Ziehen im Rücken**
Due di schone	**Schone dich.**

Tag 11: Im Hotel

1. Finde und nenne drei Gründe, wieso man in der Schweiz übernachten möchte und ein Hotel besucht.

Viele verschiedene Antworten z.B.: Schiiferie, Wanderferie, Wellnessferie, Stadtbesichtigung, Verwanti bsueche, Arbeite im Usland, Rundreis, Kulur kennelerne etc.

2. Wo kriegt man in einem Hotel normalerweise „dr Zimmerschlüssel"?

An dr Rezeption normalerwis im Erdgschoss

3. Weisst du noch was „dr Bölle" isch? Zähle uns 3 Sportarten auf, in denen man einen „Bölle" braucht.

Viele Antworten sind hier möglich, zum Beispiel: Dr Bölle = Der Ball – Sprich Fussball, Basketball, Handball, Baseball.

4. Konjugiere das Verb „übernachten" auf Schweizerdeutsch. Zur Hilfe, auf Schweizerdeutsch heisst es ähnlich wie im Deutschen „übernachte".

I **übernachtä**	mir **übernachtä**
Du **übernachtisch**	Ihr **übernachtet**
Er/si **übernachte**	Si **übernachtä**

5. Was ist die klassische Währung der Schweiz, mit welcher man überall zahlt, unter anderem auch in Hotels?

Schwiizer Franke, Rappen

Tag 12: Freundschaften schliessen

1. Wieso haben sich Tom und Peter noch nicht vorher ausgetauscht?

Sie arbeiten auf verschiedenen Stockwerken und Peter ist erst seit einem halben Jahr in der Firma.

2. Beide sind Fan von was genau?

Beide sind Fans des Fussballclubs: FC St. Gallen

3. Was sind die Zuständigkeitsbereiche der beiden in der Firma?

Tom: Planung der zukünftigen Investitionspläne
Peter: Dokumentation des Umbaus im Bau 63

4. Wieso bricht das Gespräch ab und was passiert nachher?

Der Apero des Firmenevents ist fertig und der Bus fährt los. Sie gehen jetzt noch bowlen.

5. Übersetze folgende Sätze sinngemäss ins Hochdeutsche:

„Ja, das chame so sage. Wie sehts bi dir us?"
Ja, das kann man so sagen. Wie sieht es bei dir aus?

„Mol luege, das wird sicher e luschtigi Sach."
Mal schauen, das wird sicher eine lustige Sache.

„Jo, es goht glaub allne glich."
Ja, es geht glaube ich allen gleich.

Tag 13: Die Schweizer Küche

1. Wie du sicher bereits bemerkt hast, gibt es unterschiedliche Bezeichnungen für die verschiedenen Mahlzeiten. Übersetze hier die Begriffe sinngemäss ins Hochdeutsch:

(1) Z Nacht = Abendessen
(2) Z Morge = Frühstück
(3) Z Mittag = Mittagessen
(4) Z Vieri = Zwischensnack um 16 Uhr
(5) Z Nüni = Pausensnack um 9 Uhr

2. Jetzt müssen wir die verschiedenen Mahlzeiten noch einer Zeit hinzufügen. Was isst man wann? Ordne die Nummer der Mahlzeit der richtigen Uhrzeit auf dem Zeitstrahl zu (eine Uhrzeit bleibt übrig):

(1) 18:00
(2) 07:00
(3) 12:00
(4) 16:00
(5) 09:00

3. Für welche zwei Produkte aus dem Bereich der Lebensmittel ist die Schweiz weltweit bekannt?

Schokolade und Käse

4. Nenne zwei Basler- und zwei Zürcher Spezialitäten:

Basel: Mählsuppe, Chääsweihe etc.
Zürich: Züri Gschnetzelts, Birchermüesli etc.

5. Erkläre kurz und knapp, was der Röstigraben ist.

Der Röstigraben ist ein Begriff für die Trennung zwischen der Deutsch- und der Westschweiz. Er stammt vom Konsum der klassischen Schweizer Röschti, die in der Westschweiz nicht so oft gegessen wird.

Tag 14: Kochen in der Schweiz

1. Übersetze diesen Satz in Hochdeutsch:

„Parallel drzue duesch Zwible in fini Ring schnide. Inere Brotispfanne duesch dr Butter erhitze und gisch d Zwibelring drzue."
Parallel dazu schneidest du die Zwiebeln in feine Ringe. In einer Bratpfanne erhitzt du die Butter und gibst die Zwiebelringe dazu.

2. Was wird in beiden Gerichten gerne dazu gegessen?

Apfelmus

3. Die Schweiz liebt den Käse. Was macht Käse laut dem Text so toll?

Durch die vielen unterschiedlichen Käsesorten kann das gleiche Gericht einen total anderen Geschmack bekommen.

4. Benenne jeweils die Nahrungsmittel auf diesen Bildern auf Schweizerdeutsch:

(1) Chnoblizähe
(2) Öpfelmuess
(3) Mähl und Butter
(4) Brotispfanne miteme Spiegelei und ere Zwible

Tag 15: Email

Dies ist lediglich eine Beispielantwort. Es sollten alle Punkte aus der E-Mail beantwortet werden und der komplette Text ist auch Schweizerdeutsch. Hier unsere Musterantwort:

Hey Anna-Lena

Jä, s Event chunnt nöcher und au i bi überall an de finale Sache dra. Mir hend sowohl dr Apero als au s Mittagesse für 80-120 Persone usglegt, do ligge mr also voll in dine Zahle dinne und das sötti super klappe.

Bim Apero gits chlini Häppli und es dörf natürli au es Cüpli nit fehle. Allerdings biete mr au diversi alkoholfreii Getränk a und hend bi de Häppli au an eventuelli Vegetarier oder Veganer denkt. Zum z Mittag gits Zürigschnetzelts an Nüdeli und drzue e Gmüessmischig. Zur Vorspiss e richhaltigs Salatbuffet und zum Dessert verschiedeni Glacearte.

S ganze Esse wird vonere Catering Firma brocht und serviert, mir hend do drmit also nüt me z tue, was uns allne d Möglichkeit git, mit de Gäscht in Interaktion z trete.

Es isch keis Problem, dass ei Vortrag mehr duregführt wird, da isch Catering Firma flexibel und i ha do mini Reserve ihplant.

Dr Nommitag het für mi am meischte Arbeit geh, aber de het au am meischte Spass gmacht zum organisiere. Mir alli werde zerscht e Stadtrundfüehrig mit mega coole Guides chönne mache. Ahschliessend teile mir eus in verschiedeni Gruppe uf und diend verschiedeni Sache mache. I ha gluegt, dass me sich wenn immer mögli au mit andere Lüt cha ustusche und so s Schwiizerdütsch lernt. Das goht vo Bache über e Baschtel-Workshop bis hi zunere Präsentation vonere coole Tanzgruppe, wo nochr natürli au chlini Sache het zum mitmache.

I schick dir im Ahang e Zitplan mit de genaue Date und em Ablauf. Das wird wirkli e wunderbare Nommitag.

I wünsch dir au no e ganz schöni Zit und mach dir nit z viel Sorge. Wenn Problem würde uftrete, wirdi dir das suscht umgehend melde.

Liebi Grüess

Tag 16: Chatnachrichten untersuchen

Chat 1: Wochenendtrip

1. Was ist das Kernthema dieses Chats?

Das Pfadfinderlager, das morgen früh startet und was man einpacken sollte

2. Um welche Zeit müssen sie morgen wo sein?

Um 7 Uhr morgens am Bahnhof

3. Was wird in den nächsten Tagen wohl ihre Hauptbeschäftigung sein?

Sie packen alles in den Rucksack und nehmen angenehme Wanderkleidung zum wandern mit.

Chat 2: Schule morgen

1. Wieso ist Severin scheinbar nicht gut in Mathematik?

Er beschäftigt sich zu viel mit anderem, allem voran mit Sport.

2. Wo liegen Severins grösste Probleme in der Mathematik?

In der Algebra

3. Was erfährst du über die zweite Person, dessen Handy wir hier sehen?

Sie ist gut in der Schule und bietet gerne ihre Hilfe an. Investiert aber auch Zeit in das Lernen.

Chat 3: Mutter – Tochter

1. Wieso fragt das Kind die Mutter, was es zu essen gibt?

Weil das Kind gerade in der Migros ist und vielleicht noch was mitbringen muss.

2. Was kauft das Kind alles?

Ein Pfund Brot und etwas Süsses fürs Abendessen.

3. Was gibt es zum Abendessen?

Die Mutter wird voraussichtlich Fleisch mit Teigwaren und frischen Spargel kochen.

Chat 4: Stadion

1. Wohin gehen die beiden heute Abend?

Zu einem Eishockeymatch gegen Davos

2. Wo treffen sie sich?

An der Tramstation um 6 Uhr Abends

3. Wie sieht es mit dem Abendessen aus?

Beide werden im Stadion noch eine Cervelat verzehren.

Tag 17: Umgang mit Schweizern

1. Du wirst zu einer Grillparty in der Nachbarschaft eingeladen. Was machst du bzw. welche Vorbereitungen triffst du?

Wenn auf der Einladung nichts davon steht, dass man etwas mitbringen muss, dann rufe ich meinen Nachbar an und frage ihn, ob er noch einen Salat oder ein Dessert gebrauchen kann. Falls er dankend ablehnt erscheine ich natürlich trotzdem nicht mit leeren Händen sondern überreiche ihm ein kleines Present.

2. Was sind zwei Tabu-Themen, wenn du mit einem Schweizer einen kleinen Smalltalk führst?

Das Geld (wie viel man verdient, wie viel Vermögen man besitzt, etc.) und die Sexualität

3. Über welches Gesprächsthema kann man hingegen immer reden, egal wie es sich gerade verhält?

Das Wetter, darüber kann immer diskutiert werden

4. Was bedeutet der Satz „*In gwüsse südliche Länder isch me doch froh, wenn dr Zug überhaupt chunnt.*" auf Hochdeutsch übersetzt?

In gewissen südlichen Ländern ist man doch froh, wenn der Zug überhaupt auftaucht.

5. Was ist für einen Durchschnitts-Schweizer das wichtigste Gut und die wichtigste Eigenschaft?

Die Pünktlichkeit.

Tag 18: Geschichte der Schweiz

1. Welches geographische Ereignis führte zu den heutigen Alpen?

Die Kollision des afrikanischen und des europäischen Kontinents.

2. Aus welchem Jahr ist die Gründungsurkunde der Schweiz und von welchen Kantonen wurde sie erstellt?

1291 von den Kantonen Uri, Schwyz und Unterwalden.

3. Wie heisst ein berühmter Freiheitskämpfer der Schweiz?

Wilhelm Tell

4. Welches Ereignis in der Schweiz ebnete den Weg zur heutigen, modernen Bundesverfassung?

Die Sonderbunds-Kriege

5. Übersetze die folgenden Sätze sinngemäss ins Hochdeutsche:

„*Dodrbi hend sich gwüssi Landstrich erhebt und dodrus sind die hüttige Alpe entstande, wo hützutags es typischs Merkmal vo dr Schwiiz worde sind.*"
Dabei haben sich gewisse Landstriche erhoben und die heutigen Alpen entstanden. Heute sind sie ein typisches Merkmal der Schweiz.

„*Trotzdem sind Grundstei hänge bliebe, wo hütte in dr Demokratie spürbar sind.*"
Trotzdem sind Grundsteine hängen geblieben, die heute in der Demokratie spürbar sind.

„*Durch das hemmer hochqualitativi Produkt chönne schaffe und au drum stoht d Schwiiz hüt weltwit für Qualität und Präzision.*"
Dadurch konnten wir hochqualitative Produkte schaffen und deshalb steht die Schweiz heute weltweit für Qualität und Präzision.

Tag 19: Schweizer Politik

1. Welche drei Ebenen gibt es im Schweizer Föderalismus?

Bund, Kantone und Gemeinden

2. Was ist eines der wichtigsten Grundsätze der Schweiz laut diesem Text?

Die Neutralität, wir unterstützen keine bewaffneten Konflikte im Ausland

3. Was führt in der Schweizer Politik immer wieder zu Diskussionen?

Das die Amtszeit der Bundes-, National-, und Ständeräte nicht beschränkt ist.

4. Wie kann das Volk eine Änderung in der Bundesverfassung herbeiführen?

Mit einer Volksinitiative für die man 100 000 Unterschriften in 18 Monaten sammeln muss. Anschliessend kommt es zur Abstimmung.

5. Übersetze die folgenden Sätze sinngemäss ins Hochdeutsche:

„Bim Föderalismus redet me in dr Schwiiz vo drei Stuefe."
Beim Föderalismus in der Schweiz redet man von drei Stufen.

„Si het im Verglich zum Usland sehr stark usprägti Element vo dr direkte Demokratie."
Sie hat im Vergleich zum Ausland sehr ausgeprägte Elemente von der direkten Demokratie.

„So wird sichergstellt, dass immer neui Ideeä vertrete sind und niemerts z viel Macht chan sammle."
So wird sichergestellt, dass immer neue Ideen vertreten sind und niemand zu viel Macht sammeln kann.

Tag 20: Schweizer Armee

1. Was ist die Hauptaufgabe der Schweizer Armee?

Den Frieden des Landes zu sichern und Kriege zu verhindern.

2. Was ist am Aufbau des Schweizer Militärs besonders? Wer muss in die Armee?

Jeder Schweizer Mann, wird mit 20 an die Aushebung gebeten und die Tauglichen leisten dann ihren Militärdienst.

3. Wie sieht der Militärdienst bei Frauen aus?

Frauen dürfen freiwilligen Militärdienst leisten, müssen aber nicht. Wenn sie dies allerdings tun, müssen sie die gleichen Leistungen wie Männer bringen.

4. Mit welchen Faktoren haben die jungen Männer im Militärleben zu kämpfen?

> Schlafmangel, physische und psychische Belastungen und Entzug des Privatlebens.

5. Übersetze die folgenden Sätze sinngemäss ins Hochdeutsche:

> *„Dr Uftrag vo dr Schwiizer Armee isch es nämlig Chrieg z verhindere und e Biitrag an dr Friedä z leischtä."*
> Der Auftrag der Schweizer Armee ist es nämlich, Krieg zu verhindern und einen Beitrag zum Frieden zu leisten.

> *„Nochr muess me bis zum Alter vo 34 sini Dienschttäg in so genannte dreiwüchige WK's (Wiederholigskürs) leischte."*
> Danach muss man bis zum Alter von 34 Jahren seine Diensttage in so genannten dreiwöchigen WK's (Wiederholungskursen) leisten.

> *„Früehner händ sie nit in Kampfverbänd dörfe."*
> Früher durften sie nicht in die Kampfverbände.

Tag 21: Feiern in der Schweiz

1. Die Konfetti (bunte Papierblättchen) haben an der Basler Fasnacht einen ganz besonderen Namen, wie lautet der?

> Räppli

2. Im Artikel wurde erwähnt, dass die Schweiz 4 Sprachen spricht. Welche sind das?

> Schwiizerdütsch, Italiänisch, Französisch, Rätoromanisch

3. Im Artikel ist die Rede von "de drey scheenschte Dääg". Worum handelt es sich dabei? Schreibe eine Antwort in deinen eigenen Worten (natürlich auf Schweizerdeutsch).

> Die drey scheenschte Dääg isch d Fasnachtszit z Basel. Si föhnt mitem Morgestraich ah und göhnd drei volli Dääg lang.

4. In welcher Stadt der Schweiz gibt es die größten Feste? Nenne doch gleich 3 verschiedene.

> Züri: zum Beispiel: Streetparade, Zürifescht, Knabeschiesse, Sechseläute.

5. Wie wird in Zürich der Sommer prognostiziert? Erkläre in eigenen Worten.

> Am Sechseläuten wird dr Böögg abbrennt. Je schneller er explodiert, desto besser wird dr Summer.

Tag 22: Zürich: Die Metropole der Schweiz

1. Wo ist es im Sommer in Zürich besonders angenehm und was sollte man nicht vergessen?

Am Zürcher See und unbedingt die Badehose mitnehmen.

2. Von wo hat man laut dem Text in Zürich eine sehr gute Aussicht?

Von der Terrasse der ETH

3. Wenn man in Zürich in ein Restaurant „duet iichere", heisst das was?

Man kehrt in ein Restaurant ein.

4. Wenn man mit der Familie unterwegs ist oder Tiere sehr mag, wo ist man dann in Zürich richtig?

Im Zürcher Zooli auf dem Züribärg

5. Übersetze die folgenden Sätze sinngemäss ins Hochdeutsche:

„S grosse Fescht stoht allerdings im Summer ah, wo bi dr Streetparade Tuusigi durch d Stadt tanze."
Das grosse Fest steht allerdings im Sommer an, wo bei der Streetparade Tausende durch die Stadt tanzen.

„Züri isch hüt sicher eini vo de multikulti Städt vo dr Schwiiz."
Zürich ist heute sicher eine der Multikulti- Städte der Schweiz.

„Ansuschte hets natürli au vieli Zürcher, wo s Züridütsch no perfekt beherrsche."
Ansonsten gibt es natürlich auch viele Zürcher, welche das Zürichdeutsch noch perfekt beherrschen.

Tag 23: Basel: Die Kulturhauptstadt der Schweiz

1. Wie heißen die zwei Wahrzeichen von Basel?

Rathaus und das Münster

2. Basel ist verrückt wie keine andere Stadt nach einem Sport. Welchem und wo spielt der Verein zu Hause?

Der FC Basel 1893 und er spielt im St. Jakob Park.

3. Wieso wird Basel als Kulturhauptstadt der Schweiz bezeichnet?

Es sind ca. 40 Museen in Basel zu finden.

4. Übersetze die folgenden Sätze sinngemäss ins Hochdeutsche:

„Anderi kenne Basel villicht wege de bekannte Events am Mässeplatz, wo d Art Basel oder Baselworld stattfindet."
Andere kennen Basel vielleicht wegen der bekannten Events am Messeplatz, wo die Art Basel oder das Baselworld stattfindet.

„Dört chunnt me denne zum Märtplatz, wo s einte Wahrzeiche vo dr Stadt stoht – s Rothuus us rotem Sandstei."
Dort kommt man dann zum Marktplatz, mit dem Wahrzeichen der Stadt – das Rathaus aus rotem Sandstein.

„E berechtigti Froog wo sich stellt isch, wieso isch Basel d Kulturhauptstadt?"
Eine berechtigte Frage, die sich stellt, wieso ist Basel die Kulturhauptstadt?

5. Was wird im Artikel vorgeschlagen, wie man die Stadt Basel an einem gemütlichen, warmen Nachmittag am besten erkundet?

Mit einem Spaziergang über den Barfüsserplatz, durch die Altstadt zum Münster. Am Schluss kann man den Nachmittag am Rhein bei einer Tasse Kaffee im Sonnenschein ausklingen lassen.

Tag 24: Bern: Die Hauptstadt der Schweiz

1. Was ist das wichtigste Gebäude von Bern und wieso?

Das Bundeshaus, dort hat die Regierung und das Parlament ihren Sitz

2. Welches Tier ist der Namensvetter von der Stadt Bern?

Ein Bär

3. Wie heisst ein aus dem Mittelalter stammender Markt, der noch heute zelebriert wird und was kann man dort kaufen?

Der Zwiebelmärit – man kann alles aus Zwiebeln kaufen (Kunst, Kultur etc), aber auch Spielzeug, Schmuck, Textilien oder Keramik Artikel.

4. Wo findest du Auskunft über alle Berner Veranstaltungstermine?

In der BKA, das ist die Berner Kulturagenda.

5. Übersetze folgende Sätze sinngemäss ins Hochdeutsche:

„Dr Grand Prix vo Bärn isch e Laufsport Ahlass, wo Tuusigi Läufer symbolisch die 10 schönschte Meile laufe düent."
Der Grand Prix von Bern ist ein Laufsportanlass, bei welchem tausende Läufer symbolisch die 10 schönsten Meilen laufen.

„S Bärndütsche isch nit unbedingt dr eifachschti Dialekt vo dr Schwiiz."
Das Berndeutsche ist nicht unbedingt der einfachste Dialekt der Schweiz.

> *„Me cha zwar sage, dass Bärn e Kulturstadt isch, aber uf dr andere Site gits sehr vieli sportlichi Betätigungsmöglichkeite."*

Man kann zwar sagen, dass Bern eine Kulturstadt ist, aber auf der anderen Seite gibt es auch sehr viele sportliche Beschäftigungsmöglichkeiten.

Tag 25: Luzern: Tourismusmagnet der Schweiz

1. Was macht Luzern für Touristen, die in die Schweiz kommen, so interessant?

Luzern liegt zentral und hat diverse verschiedene Ausflugsziele in Reichweite

2. Wieso wurde das Denkmal vom sterbenden Löwen gebaut?

Zu Ehren vom 1792 ermordeten Schweizer Gardisten, der in den Diensten vom König Ludwig XVI in Frankreich stand.

3. Was ist das bekannteste Wahrzeichen der Stadt Luzern?

Die Kapellbrücke über die Reus mit dem daneben stehenden Wasserturm.

4. Was kann man im Schweizer Verkehrsmuseum sehen?

Lokomotiven, Autos, Flugzeuge, Schiffe sowie teilweise antike Verkehrsmittel

5. Übersetze die folgenden Sätze sinngemäss ins Hochdeutsche:

> *„In dr Altstadt findet me am Ufer vo dr Reuss d Jesuitäkirchä, en wunderschöne Barockbau."*

In der Altstadt findet man am Ufer von der Reuss die Jesuitenkirche, einen wunderschönen Barockbau.

> *„Was das genau isch, findisch am beschte bim neggschte Bsuech selber use."*

Was das genau ist, findest du am besten beim nächsten Besuch selber heraus.

> *„Dr Titlis mitem höchschtgelegene Gletscher isch genauso guet erreichbar wie dr Gotthard."*

Der Titlis mit dem höchstgelegenen Gletscher ist genauso gut erreichbar wie der Gotthard.

Tag 26: Schweizer Sportarten

1. Wie heissen die drei klassischen Sportarten mit Ursprung in der Schweiz?

Hornussen, Schwingen und Unspunnenstein-Stossen

2. Bei welcher Sportart kommen ganz spezielle Hosen zum Einsatz und was macht sie speziell?

Beim Schwingen. Es sind besonders reißfeste und robuste kurze Hosen, an welchen sich die Schwinger gegenseitig festhalten.

3. Wieso wurde der Unspunnenstein bekannt?

Weil er schon zwei Mal geklaut wurde und das Original zuletzt nicht mehr auftauchte.

4. Übersetze folgende zwei Sätze sinngemäss ins Hochdeutsche:

„Jetzt gohts drum dr Gegner miteme Schwung ins Sägmähl z werfe oder z drucke."
Jetzt geht es darum den Gegner mit einem "Schwung" (einer Technik) in das Sägemehl zu werfen oder zu drücken.

„S Schwinge isch immerno e klassische Männersport, obwohls mittlerwile au Fraue git, wos mache."
Das Schwingen ist immer noch ein klassischer Männersport, obwohl mittlerweile auch Frauen teilnehmen.

5. Übersetze folgende Wörter ins Schweizerdeutsche:

(1) Mannschaften   = Mannschafte
(2) Anlauf   = Ahlauf
(3) Das Fest   = s Fescht
(4) Kantonswappen = Kantonswappe
(5) Wochen   = Wuche

Tag 27: Winterziel Schweiz

1. Was sind die drei Probleme, mit denen die Skigebiete kämpfen?

(1) Frankenstärke (teure Ferien)
(2) Klimawandel, was weniger Schnee zur Folge hat.
(3) Unfälle von Touristen die sich überschätzen und Warnungen ignorieren

2. Nenne 5 Wintersportarten auf Schweizerdeutsch.

(1) Schii fahre, Snowboarde
(2) Iishockey, schlittschuehfahre
(3) Iisklettere
(4) wandere, Schneeschuehwandere
(5) Langlauf, Biathlon

3. Übersetze folgenden Satz sinngemäss ins Hochdeutsche:

„Durch die Gegebeheite in dr Schwiiz wachse natürli au Sportler uf, wo weltwit ganz vorne mitspiele"
Durch diese Gegebenheiten in der Schweiz wachsen natürlich Sportler auf, welche weltweit ganz vorne mitspielen (können).

4. Welche Bahn macht das Zermatt noch ganz besonders und wieso?

Gornergratbahn (älteste, elektrische Gebirgszahnradbahn der Schweiz).

5. Konjugiere das Verb „können" auf Schweizerdeutsch:

I **cha**	Mir **chönne**
Du **chasch**	Ihr **chönnet**
Er/Sie **cha**	Sie **chönne**

Tag 28: Eishockey: Unser Nationalsport?

1. Welcher Verein ist Rekordmeister in der NLA?

Der HC Davos

2. Wo ist laut dem Text der Zuschauerschnitt höher, in der Schweizer Fussball Liga oder der Schweizer Eishockey Liga?

In der Schweizer Eishockey Liga

3. Welche Stadt hat ein Luxusproblem und aus was setzt es sich zusammen?

Zürich mit 3 Topvereinen, zwei im Fussball: FCZ & GCZ und einen im Eishockey: ZSC Lions

4. Übersetze folgende Sätze sinngemäss ins Hochdeutsche:

„D Schwiiz isch 2 mol ufem zweite Platz glande."
Die Schweiz ist zweimal auf dem zweiten Platz gelandet.

„Aber ansuschte muess me eigentli scho sage, dass Iishockey besser vertrete isch."
Aber ansonsten muss man sagen, dass Eishockey besser vertreten ist.

5. Wie heisst das prestigeträchtigste Klubturnier im Eishockey und wo findet es jährlich statt?

Der Spenglercup in Davos

Tag 29: Schweizer Fussball

1. Beschrifte bei folgendem Bild die gewünschten Gegenstände auf Schweizerdeutsch.

(1) S Trikot, S T-Shirt
(2) D Stolle, D Schinbeischoner
(3) D Kickschueh
(4) Dr Rase, S Gras

2. Im Bild sehen wir noch den Fussball. Im normalen Schweizerdeutsch ist dies auch einfach „dr Ball". Die Berner haben aber einen ganz speziellen Namen für den Ball, wie lautet er?

Dr Bölle

3. Wer ist der Rekordmeister in der Schweizer Liga?

Grasshoppers Zürich

4. Welcher Klub konnte sich in den letzten Jahren auch international einen Namen machen?

FC Basel

5. Welcher Klub aus einem anderen Land spielt in der Schweiz und wieso?

Der FC Vaduz, das Land ist zu klein.

Tag 30: Schweizer Tennis

1. Wie heissen momentan (2017) unsere zwei grösster Stars im Herren- und Damentennis jeweils?

Männertennis: Roger Federer und Stan Wawrinka
Frauentennis: Timea Bacsinszky und Belinda Bencic

2. Was macht Roger Federer mit seinem vielen Preisgeldern Gutes?

Er spendet es und investiert in viele Stiftungen.

3. Was ist ein lustiger Fakt bzw. Entscheid in Roger Federers Karriere?

Er wurde vom Schweizer Militär aus medizinischen Gründen für Untauglich deklariert.

4. Übersetze die Sätze sinngemäss ins Hochdeutsche:

„Und das trotz Millione Ihnahme us Prisgelder aber vorallem au als weltwits Werbegsicht."
Und dies trotz den Millionen-Einnahmen an Preisgeldern, aber vor allem als weltweites Werbegesicht.

„Zuedem ischer vom Johr 2005-2008 jewils zum Weltsportler vom Johr gwählt worde."
Zudem wurde er vom Jahr 2005-2008 jeweils zum Weltsportler des Jahres gewählt.

„Sit denne hetter 302 Wuche ufem erschte Platz verbrocht – e wittere Rekord."
Seit dann hat er 302 Wochen auf dem ersten Platz verbracht – ein weiterer Rekord.

5. Konjungiere das Verb „spielen" auf Schweizerdeutsch:

I **spielä**	Mir **spielä**
Du **spielsch**	Ihr **spielet**
Er/Si **spielt**	Si **spielä**

40182834R00089

Printed in Poland
by Amazon Fulfillment
Poland Sp. z o.o., Wrocław